AF747547

www.ingramcontent.com/pod-product-compliance
Lightning Source LLC
LaVergne TN
LVHW050804051026
849532LV00008B/2958

9789369084210

کچھ تلخ کچھ شیریں

(مزاحیہ کالم)

مجتبیٰ حسین

Kuch Talkh, Kuch Shireen *(Humorous Columns)*
by: Mujtaba Hussain
Edition: December '2025
Publisher :
Taemeer Publications LLC (Michigan, USA / Hyderabad, India)

ISBN 978-93-6908-421-0

کتاب	:	**کچھ تلخ کچھ شیریں** (مزاحیہ کالم)
مصنف	:	**مجتبیٰ حسین**
پروف ریڈنگ / تدوین	:	مکرم نیاز
صنف	:	طنز و مزاح
ناشر	:	تعمیر پبلی کیشنز (حیدرآباد، انڈیا)
سالِ اشاعت	:	۲۰۲۵ء
صفحات	:	۷۰
سرورق ڈیزائن	:	تعمیر ویب ڈیزائن

فہرست

ابتدائیہ

اردو ادب میں مزاح نگاری کی ایک درخشاں روایت رہی ہے، جس میں مجتبیٰ حسین کا نام کسی تعارف کا محتاج نہیں۔ وہ محض ہنسی بکھیرنے والے فنکار نہ تھے بلکہ ان کا قلم معاشرتی ناہمواریوں، انسانی نفسیات کی گہرائیوں اور سیاسی ستم ظریفیوں کو نہایت شگفتہ مگر گہرے طنزیہ انداز میں پیش کرتا تھا۔ ان کی تحریریں قاری کو مسکرانے پر مجبور کرتی ہیں مگر اس مسکراہٹ کے پیچھے ایک فکر انگیز سوال چھوڑ جاتی ہیں جو قاری کو اپنے اردگرد کے ماحول اور خود اپنی ذات پر غور کرنے کی دعوت دیتا ہے۔ ان کا مزاح محض سطحی قہقہوں کا مجموعہ نہیں بلکہ دانشورانہ چاشنی اور زیرک مشاہدے کا نچوڑ ہوتا تھا، جہاں وہ عام آدمی کے روزمرہ کے مسائل، اس کی چھوٹی چھوٹی خوشیوں اور گہری محرومیوں کو اس طرح بیان کرتے تھے کہ ہنستے ہنستے آنکھیں نم ہو جائیں۔ مجتبیٰ حسین کی ایک خاصیت یہ بھی تھی کہ وہ خود کو اپنے مزاح کا نشانہ بنانے سے نہیں کتراتے تھے، جس سے ان کے طنز میں مزید گہرائی اور اثر آفرینی پیدا ہو جاتی تھی۔ ان کا اسلوب سادہ، سلیس اور ہر خاص و عام کی سمجھ میں

آنے والا ہوتا تھا، مگر الفاظ کا انتخاب اور جملوں کی ساخت ایسی ہوتی کہ عام سی بات بھی ایک فکری جہت اختیار کر لیتی۔ وہ اپنے قاری کو اپنا ہم سفر بنا کر چلتے تھے، زندگی کی کٹھنائیوں پر ہنسنے، انہیں قبول کرنے اور ان سے سبق سیکھنے کا ہنر سکھاتے تھے۔ ان کے مزاح میں زندگی کی تلخ حقیقتیں شیریں انداز میں پیش کی جاتی تھیں، جس سے قاری نہ صرف محظوظ ہوتا بلکہ سماج کے مختلف پہلوؤں کو ایک نئے زاویے سے دیکھنے لگتا ہے۔ ان کی ہر تحریر معاشرے کی نبض پر ان کے گہرے فہم کی عکاس رہی ہے، جو آج بھی اتنی ہی تر و تازہ اور بر محل محسوس ہوتی ہے۔ ان کے مضامین وقت کی قید سے آزاد ہو کر ہر دور میں قاری کے لیے فکر اور تفریح کا سامان فراہم کرتے رہیں گے۔

زیر نظر کتاب "کچھ تلخ، کچھ شیریں" اسی عظیم مزاح نگار مجتبیٰ حسین کے چند منتخب مزاحیہ کالموں کا مجموعہ ہے۔ یہ مضامین زندگی کے مختلف پہلوؤں پر ان کی گہری بصیرت اور منفرد طرزِ تحریر کا حسین امتزاج ہیں۔

"آم اب عام نہیں رہے" میں مصنف آم کے بدلتے انداز اور معاشرے کے استحصالی رویوں کو دلچسپ پیرائے میں بیان کرتے ہیں۔ ہالی ووڈ کے آموں سے لے کر غالب کے عشقِ آم اور گدھے کی دانشمندی تک، وہ آم کی بڑھتی قیمت اور عوام کی 'چوسے جانے' کی کیفیت کو طنزیہ انداز میں پیش کرتے ہیں۔

"اپنے اسکوٹر کی یاد میں" مصنف کے پرانی اسکوٹر کے ساتھ ان کے جذباتی رشتے اور دہلی کی فضائی آلودگی کے نام پر حکومتی حکم ناموں پر ایک دل چھو لینے والا

خراج تحسین ہے۔ یہ اسکوٹر مصنف کا ساتھی، اس کی پہچان اور کئی ادبی و سماجی ہستیوں کا گواہ بن کر ابھرتا ہے۔

"قوم کے درد سے گھٹنے کے درد تک" میں مصنف اپنے گھٹنوں کے درد کو وزیر اعظم کے گھٹنوں کے درد سے جوڑ کر، میڈیا کے غیر ضروری ہنگاموں اور معاشرے کی ترجیحات پر گہرا طنز کرتے ہیں۔ یہ کالم عام آدمی کے درد اور خواص کے درد کے فرق کو نہایت شگفتگی سے نمایاں کرتا ہے۔

"کویل کی کُوک کو سن کر" ایک کویل کی آواز کی بازگشت کے ذریعے انسانیت کی گم ہوتی آواز اور لفظوں کے کھوکھلے پن پر ایک پر معنی کالم ہے۔ مصنف کویل کی سادہ مگر پر اثر کُوک میں وہ خلوص اور پیغام پاتے ہیں جو انسان کے لاکھوں الفاظ سے بھی مفقود ہے۔

"بینگن کا بول بالا" میں سبزیوں کے 'سرتاج' بینگن کی فضیلت اور سیاست میں 'تھالی کے بینگنوں' کے کردار پر مزاحیہ تبصرہ ہے۔ وہ امریکی بی ٹی بینگن کے دعوؤں کو دیسی بینگن کی افادیت اور حیدرآبادی بگھارے بینگن کے ذائقے سے موازنہ کرتے ہوئے طنزیہ سیاسی و سماجی نکات اٹھاتے ہیں۔

"پتے جو لاپتہ ہو گئے" ایک پرانی ڈائری میں درج پتوں کے ذریعے گزرے ہوئے وقت، رشتوں کے زوال اور موت کی حقیقت پر ایک حسرت بھری مگر مزاحیہ تحریر ہے۔ مصنف اپنے تعلقات کے سمٹ جانے اور شاہ عبداللطیف بھٹائی کے واقعے کے ذریعے فانی دنیا کی حقیقت پر غور کرتے ہیں۔

"اشیائے ضروریہ اور ہماری تشویشِ غیر ضروریہ" میں مصنف اشیائے ضروریہ

کی قیمتوں میں اضافے کو اپنی نجی اور قومی تاریخ کے تناظر میں دیکھتے ہیں۔ جنگوں، قحط، راشننگ اور "بد معاشی نظام" کا تذکرہ کرتے ہوئے وہ انسانیت کی قدر میں کمی اور مادہ پرستی پر طنز کرتے ہیں۔

"کفایت شعاری کی فضول خرچی" کفایت شعاری کے نام پر ہونے والی بے جا اسراف اور سیاسی نمائشی اقدامات پر طنزیہ کالم ہے۔ مصنف اپنی جوانی کے 'کفایت شعارانہ' عشق سے لے کر حکومتی وزراء کے 'ٹرین سفر' تک، کفایت شعاری کے حقیقی اور مصنوعی پہلوؤں کو نمایاں کرتے ہیں۔

"ذرا عمر رفتہ کو آواز دینا" مجتبیٰ حسین کی صحافتی زندگی کے ابتدائی ایام اور اخبار "سیاست" سے وابستگی پر ایک دلکش ماضی گزیدہ سفر ہے۔ یہ کالم ان کی صحافت سے مزاح نگاری تک کے سفر، "سیاست" کے باکمال کرداروں اور خاص طور پر جگر صاحب اور شیخ احمد کے یادگار لمحات کو پیش کرتا ہے۔

"کچھ تلخ، کچھ شیریں" مجتبیٰ حسین کے شگفتہ اسلوب اور گہرے مشاہدے کی آئینہ دار ہے، جو قاری کو شگفتگی، فکر اور ماضی کی حسین یادوں کے ایک دل چسپ سفر پر لے جاتی ہے۔ ہمیں یقین ہے کہ یہ مجموعہ قارئین کے دل و دماغ کو ایک نئی تازگی عطا کرے گا۔

۱

آم اب عام نہیں رہے

قدرت کے کھیل بھی بڑے نرالے ہیں۔ اس نے آم کو ہندوستان میں پیدا کیا بہت اچھا کیا لیکن اس کو کھانے کا طریقہ امریکہ اور یوروپ کے باسیوں کو سکھا دیا۔ آم کو ہم بچپن سے کھا رہے ہیں لیکن جب تک ہم نے ہالی ووڈ کی فلمیں نہیں دیکھی تھیں جن میں ہیروئنیں اور ہیرو بات بات پر ایک دوسرے کو آم سمجھ لیتے ہیں اور سلوک بھی ایسا ہی کرتے ہیں تب تک ہمیں بھی معلوم نہیں تھا کہ آم کو کھانے کا اصل طریقہ کیا ہے۔ بعد میں جب ہم یوروپ اور امریکہ گئے تو ہم نے وہاں آم کھانے کی باضابطہ ٹریننگ بھی حاصل کی۔ کیا کریں ہم ہندوستانیوں کی مجبوری یہ ہے کہ آم کھانے سے لے کر انجینئرنگ اور میڈیسن کی اعلیٰ تعلیم حاصل کرنے تک ہر کام کو سیکھنے کے لئے ہمیں امریکہ اور یوروپ جانے کی عادت سے پڑگئی ہے۔ بہر حال ہم نے وہاں آم کھانے میں وہ مہارت حاصل کی کہ آج ہم کبھی آم کھاتے ہیں تو ہمارے ایک دوست جو ہماری ہی عمر کے ہیں اکثر کہتے ہیں کہ "میاں جب تم دسہری اور چوسہ کھاتے ہو تو نہ جانے کیوں مجھے جینالولو برجیدہ اور صوفیہ لارین کی بے ساختہ یاد آجاتی ہے"۔ اپنی عمر کے حساب سے وہ ہمیشہ پچھلے موسموں کے پھلوں

کو ہی یاد کرتے ہیں۔ ہم نے ایک امریکی دوست سے کہا بھی تھا کہ "بھیا! یہ جو تمہاری فلموں میں بات بات پر ندیدہ پن نظر آجاتا ہے تو اس کی جگہ تم لوگ سیدھے سیدھے آم کیوں نہیں کھالیتے؟" بولے "میاں! پہلی بات تو یہ ہے کہ آم ہمارے ملک میں نہیں ملتا اور اگر ملتا بھی ہے تو بہت مہنگا ملتا ہے۔ ہم ٹھہرے کاروباری لوگ۔ ہم تو سستی چیز کے پیچھے ہی بھاگتے ہیں"۔ ہم نے کہا" مگر ذائقہ بھی تو ایک چیز ہے"۔ بولے "جن ملکوں میں آم نہیں ہوتا وہاں کے لوگ اپنا ذائقہ آپ پیدا کرلیتے ہیں۔ آپ بھی کس چکر میں پڑگئے۔ آپ آم کھانے سے مطلب رکھئے۔ پیڑوں کو کیوں گنتے ہیں"۔

حضرات! معاف کیجئے۔ ہم خواہ مخواہ ہی پیڑوں کو گننے میں لگ گئے۔ ہمیں تو آموں کے بارے میں کچھ کہنا تھا اور ہم بلاوجہ ہی اس کے کھانے کے طریقوں میں الجھ گئے۔ جب ہالی ووڈ میں فلمیں نہیں بنتی تھیں تو تب بھی اس ملک میں لوگ جیسے تیسے آم کھالیا کرتے تھے۔ یہ اور بات ہے کہ ناتجربہ کاری کی وجہ سے آموں کا رس پوری طرح چوسا نہیں جاسکتا تھا۔ لیکن اس کی کس کو پرواہ تھی کیونکہ اس زمانہ میں آم بھی تو بہت ہوتے تھے اور میٹھے بھی ہوتے تھے۔

آم ہمارا قومی پھل ہے۔ یہی وجہ ہے کہ کیا بچہ اور کیا بوڑھا ہر کوئی اسے پیڑ سے گرانے کے لئے پتھر مارتا رہتا ہے۔ ہم ہندوستانیوں کی عادت ہے کہ جس چیز کو بھی قومی بنادیتے ہیں اسے مارنے کو دوڑتے ہیں۔ آم تو خیر "راشٹریہ پھل" ہے۔ ہم نے تو اپنے "راشٹر پتا" کو بھی نہیں چھوڑا۔ آپ نے ہمیں آموں کے سلسلہ میں ہونے والی اس محفل میں بلاکر سچ مچ ہمارے سینہ پر ایک تیر مارا ہے۔ کیوں کہ ہم اس

خاندان سے تعلق رکھتے ہیں جس کے آموں کے باغ کسی زمانہ میں بڑی شہرت رکھتے تھے۔ پھر زندگی نے ہمیں کچھ ایسے سبز باغ دکھائے کہ ان باغوں کو چھوڑ کر شہروں میں رہنے لگے۔ آموں کا موسم آتا تھا تو آم کے پیڑوں پر آم کم لٹکتے ہوئے دکھائی دیتے تھے اور ہم ہی ان کی ٹہنیوں پر زیادہ لٹکتے ہوئے پائے جاتے تھے۔ غرض جب سے ہمارے آموں کے باغ چھن گئے ہیں تب سے ہمارا شمار بھی عوام میں ہونے لگا ہے۔ یوں بھی آم میں اور عوام میں بہت زیادہ فرق نہیں ہوتا کیونکہ دونوں ہی چوسنے کے کام آتے ہیں۔ سرکار، افسر، بیوپاری، پونجی پتی کون ہے جو عوام کو نہیں چوستا، آم کو چوسنے کے بعد کم از کم اس کی گٹھلی تو چھوڑ دی جاتی ہے مگر عوام کو ایسی بیدردی کے ساتھ چوسا جاتا ہے کہ بعض اوقات تو ان کی استھیاں بھی نہیں مل پاتیں۔ اس کا مطلب یہ نہیں کہ عوام کا ذائقہ بھی آم کی طرح لذیذ ہوتا ہے۔ جو لوگ عوام کو چوستے ہیں وہ جانتے ہیں کہ عوام کا ذائقہ پانچ سال میں ایک مرتبہ اُس وقت بہت تلخ ہو جاتا ہے جب عوام ووٹ دینے کے لئے آتے ہیں۔ لیکن جب سے ووٹوں اور نوٹوں میں ایک تال میل پیدا ہو گیا ہے تب سے عوام کے ذائقہ کی تلخی بھی کم ہوتی جارہی ہے۔ اسی لئے تو کہاوت مشہور ہے کہ "عوام کے عوام ووٹوں کے دام"۔

چاہے کچھ بھی ہو ہر کوئی آم کا رسیا ہے۔ آدمی تو پھر آدمی ہے۔ مرزا غالب بھی آموں کے دیوانے تھے۔ ایک ریسرچ اسکالر نے تو یہاں تک کہا ہے کہ غالب آم کے موسم میں شعر نہیں کہتے تھے۔ صرف آم ہی کھاتے رہتے تھے۔ ایسے میں کوئی انھیں ڈسٹرب کرتا تو اس پر اپنے شعروں سے حملہ نہیں کرتے تھے، گٹھلی پھینک کر

مارتے تھے۔ آم ہی ایک ایسا پھل ہے جس میں ایک ہتھیار چھپا ہوتا ہے۔ کہتے ہیں غالب کے ایک دوست کو آموں سے چڑ تھی۔ ایک دن دونوں بازار سے گزر رہے تھے تو دیکھا کہ گلی میں پڑے ہوئے ایک آم کو ایک گدھے نے پہلے تو سونگھا، کچھ سوچا پھر اسے کھائے بغیر آگے کو نکل گیا، اس منظر کو دیکھ کر مرزا غالب کے دوست نے کہا "دیکھئے، غالب صاحب! گدھا بھی آم نہیں کھاتا"۔ اس پر غالب نے کہا "حضور! میں جانتا ہوں کہ گدھا ہی آم نہیں کھاتا"۔ مگر یہ پرانی بات تھی جب گدھے کسی وجہ سے آم نہیں کھاتے تھے۔ مگر آج حالات اتنے بدل گئے ہیں کہ ہم جس آدمی کو بھی آم کھاتا ہوا دیکھ لیتے ہیں تو اسے گدھا سمجھنے لگتے ہیں۔ پچھلے دنوں ہمارے ایک دوست نے ہماری آنکھوں کے سامنے پورے سو روپیوں میں ایک بڑا الفانسو آم خرید لیا تو ہمیں اس کا ثبوت بھی مل گیا۔ گدھا بڑا ہوشیار جانور ہے۔ اس نے ایک صدی پہلے ہی بھانپ لیا تھا کہ ایک دن آم پینتالیس پچاس روپے فی کیلو کے حساب سے بکے گا۔ یہ اس بات کا ثبوت ہے کہ آدمی ہی سب سے بڑا گدھا ہے اور گدھا ہی سب سے بڑا انسان ہے۔ آموں کی مہنگائی کی وجہ سے ہی ہم آم تو نہیں خریدتے لیکن ان کے دام ضرور پوچھ لیتے ہیں۔ ایک فروٹ مرچنٹ سے ہم لگاتار چھ دنوں تک آم کے دام پوچھتے رہے۔ ساتویں دن ہم اس کی دکان پر گئے تو اس سے دام تو نہیں پوچھا البتہ بڑی دیر تک للچائی نظروں سے صرف آموں کو دیکھتے رہ گئے۔ اس پر دکاندار نے پہلے تو اپنے آموں کو کپڑے سے اچھی طرح ڈھک لیا۔ پھر بولا "آپ دام پوچھیں گے یا میں ہی آپ کو بتادوں؟"۔

ہم نے کہا "میاں! ہمیں تو ایک ایسے پھل کی تلاش ہے جس کے بارے میں سنا

ہے کہ بہت میٹھا ہوتا ہے۔ لوگ اسے صبر کا پھل کہتے ہیں، مل جائے گا تمہارے پاس؟"۔ دکاندار بولا "اب تمہیں زیادہ دن صبر نہیں کرنا پڑے گا۔ ساٹھ پینسٹھ کے تو لگتے ہی ہو۔ دو چار برس اور صبر کرلو تو صبر کا یہ پھل تمہیں دوسری دنیا میں جلد ہی ملے گا۔ اس دنیا میں تو یہ نہیں ملتا۔ اس وقت تو لنگڑے سے کام چلالو ورنہ اپنا راستہ ناپو"۔

اسی لئے تو ہم کہتے ہیں کہ ایک زمانہ میں آم صرف دو قسم کے ہوتے تھے۔ کاٹنے کے اور چوسنے کے۔ اب دیکھنے کے آم بھی ہونے لگے ہیں۔ یہ الگ بات ہے کہ ذائقہ اور صورت شکل کے اعتبار سے آموں کی بھی اتنی ہی قسمیں ہوتی ہیں جتنی کہ عورتوں کی ہیں۔ پھر لطف کی بات یہ کہ دونوں میں بہت سی باتیں ایک جیسی بھی پائی جاتی ہیں۔ آپ نے دیکھا ہوگا کہ بعض بہت خوبصورت اور حسین عورتیں اندر سے بہت تلخ، ترش اور کڑوی کسیلی ہوتی ہیں۔ صورت اور سیرت میں جو فرق ہوتا ہے اس کا اندازہ ہمیں آم کھانے کے بعد ہی ہوتا ہے۔ جو لوگ آم اور عورت کی خوبی کا اندازہ اس کی صورت سے لگاتے ہیں وہ ہمیشہ گھاٹے میں رہتے ہیں۔ اکثر ایسا ہوا کہ کسی آم کی صورت تو ہمیں بہت خراب لگی لیکن جب کھایا تو طبیعت باغ باغ ہوگئی۔ یہ بات ہم اپنے ذاتی تجربہ کی بنا پر کہہ رہے ہیں کیونکہ پچھلے پچاس برسوں سے ہم ایک ایسے ہی آم کے ساتھ ہنسی خوشی زندگی گزار رہے ہیں۔

یہ بھی بتاتے چلیں کہ ہم چوسنے کے آم ہی کھانا زیادہ پسند کرتے ہیں۔ کاٹنے والے آم اس لئے نہیں کھاتے کہ تین آم کھانے ہوں تو ڈیٹول کی پوری ایک شیشی خرچ کرنی پڑتی ہے۔ آموں کے سینکڑوں نام بھی ہوتے ہیں۔ بڑے کیوٹ

(cute) اور مزیدار۔ بعض نام تو ان آموں کے قلمی نام (Pen Name) ہوتے ہیں۔ لیکن ہمیں تو لنگڑا بہت پسند ہے۔ کسی نے اس کی شکل وصورت کو دیکھ کر مذاق میں اسکا نام لنگڑا رکھ دیا تھا۔ لیکن اس آم نے الٹا نام رکھنے والے کا مذاق اڑانے کی ٹھان لی۔ چنانچہ اب یہ آم جتنا چلتا ہے کوئی اور آم نہیں چلتا بلکہ اسے تو آموں کا ملکھا سنگھ بھی کہا جاسکتا ہے۔

یہ بھی ایک حقیقت ہے کہ بعض قصبے صرف آموں کی وجہ سے بڑی شہرت رکھتے ہیں۔ ملیح آباد کو ہی لیجئے۔ اگر یہاں آم نہ ہوتے تو بھلا بتایئے ملیح آباد کو کون جانتا۔ یہ ضرور ہے کہ ایک زمانہ میں جوش ملیح آبادی نے یہ چاہا تھا کہ ملیح آباد کی شہرت ان کے نام کی وجہ سے بھی ہو۔ لیکن زمانہ کی دوڑ میں ملیح آباد کے آم پھر آگے کو نکل گئے اور حضرت جوش ملیح آبادی پیچھے رہ گئے۔ اس کا ثبوت یہ ہے کہ جوش ملیح آبادی جب پاکستان گئے اور وہاں ان کا تعارف پاکستان کے اُس وقت کے صدر اسکندر مرزا سے کرایا گیا کہ ان سے ملئے یہ جوش ملیح آبادی ہیں تو اسکندر مرزا نے چھوٹتے ہی کہا "اچھا تو آپ ملیح آباد کے رہنے والے ہیں جہاں کے آم بڑے مشہور ہیں"۔ اس کے بعد اسکند مرزا نے جوش ملیح آبادی سے ملیح آباد کے آموں کے بارے میں تو بہت کچھ پوچھا لیکن ان کی شاعری کے بارے میں کچھ بھی نہیں پوچھا۔

آخر میں ہم الہ آباد کے حوالے سے ہی اپنی بات کو ختم کرنا چاہیں گے۔ کئی برس پرانی بات ہو گی جب جواہر لال نہرو الہ آباد کے آنند بھون میں رہا کرتے تھے۔ یہی گرمیوں کے دن تھے بلکہ مہینہ بھی شاید یہی تھا۔ ہو سکتا ہے تاریخ بھی

یہی رہی ہو۔ اندرا گاندھی فیروز گاندھی سے شادی کرنے کے بعد ہنی مون منانے کے لئے کشمیر گئیں تو وہاں کی ٹھنڈی ہواؤں نے انھیں مسحور کر دیا۔ ایسے میں انھیں اچانک نہرو جی کا خیال آیا کہ وہ تو الہ آباد کی سخت گرمی میں پریشان ہو نگے۔ لہذا انھوں نے ہمدردی کے طور پر نہرو جی کو لکھا کہ کاش میں آپ کے لئے کشمیر کی کچھ ٹھنڈی ہوائیں الہ آباد بھیج سکتی۔ اس پر جواہر لال نہرو نے اندرا جی کو لکھا "بیٹی! مجھے تو تم پر ترس آرہا ہے۔ کشمیر میں بھلے ہی ٹھنڈی ہوائیں تمہارے ساتھ ہوں گی لیکن تمہارے پاس دسہری اور ثمر بہشت تو نہیں ہیں"۔

اور یہ کتنے افسوس کی بات ہے کہ اتنے برس گزر جانے کے بعد آج نہ تو کشمیر میں ٹھنڈی ہوائیں ہیں اور نہ ہی الہ آباد میں دسہری اور ثمر بہشت نظر آتے ہیں۔

***

۲

اپنے اسکوٹر کی یاد میں

جیسا کہ آپ جانتے ہیں دہلی میں فضائی آلودگی بہت ہوتی ہے لیکن ہم یہ نہیں جانتے تھے کہ دہلی کی اس فضائی آلودگی کا اصل سبب ہمارا وہ اسکوٹر ہے جو پچھلے ستائش (۲۷) برسوں سے ہمارا رفیق رہا ہے۔ ایک دن دہلی سرکار نے بیٹھے بٹھائے یہ حکمنامہ جاری کر دیا کہ دہلی میں پندرہ سال پرانی جتنی بھی موٹریں اور اسکوٹریں ہیں انھیں یکم جنوری ۲۰۰۱ء کے بعد دہلی کی سڑکوں پر چلنے کی اجازت نہیں دی جائے گی۔ ہماری سمجھ میں نہیں آیا کہ دہلی میں جہاں ہر طرح کی گندگی سیاسی رہنماؤں کے ذریعہ پھیلائی جاتی ہے اس کے مقابلہ میں ہمارے دو پہیوں والے اسکوٹر کی فضائی آلودگی کیا حقیقت رکھتی ہے۔ لیکن کیا کریں دہلی سرکار کا حکمنامہ تو جاری ہو گیا تھا۔ کباڑی والے ہمارے پیچھے پڑ گئے کہ دو چار سو روپئے لیجئے اور اس سے اپنے جان چھڑائیے۔

اگرچہ دنیا کی نظر میں ہمارے اسکوٹر کی حیثیت دو کوڑی کی بھی نہیں رہ گئی تھی لیکن ہم تو اس کی قدر و قیمت کو اچھی طرح جانتے ہیں۔ کیونکہ ہم نے اپنی زندگی کے پورے ستائیس برس اس اسکوٹر کی رفاقت میں گذارے ہیں۔ سچ تو یہ ہے کہ دہلی

میں اتنے برس رہ کر ہم نے جو کچھ بھی حاصل کیا ہے وہ اسی اسکوٹر کے بل بوتے پر کیا ہے۔ آج ہم اسے کیونکر کباڑی والے کے حوالے کردیں۔ اگرچہ ہم خود بھی پچھلے چار مہینوں سے اس اسکوٹر کو استعمال نہیں کر رہے تھے لیکن ہر روز اس کی صفائی یوں کرواتے تھے جیسے ابھی اس پر بیٹھ کر چل نکلیں گے۔ اصل میں اس اسکوٹر سے ہمارا جذباتی رشتہ کچھ ایسا نازک ہے کہ ہم اسے لفظوں میں بیان نہیں کرسکتے۔ یہ ہمیں ۱۹۷۴ میں اُس وقت ملا تھا جب بجاج کے اسکوٹر حاصل کرنا جوئے شیر لانے سے کم نہ تھا۔ لوگ اس کی بکنگ کروانے کے بعد برسوں اسکوٹر کے انتظار میں جوتیاں چٹخاتے پھرتے تھے۔

اگر یہ کسی کو مل جاتا تو یوں محسوس ہوتا جیسے اس کی لاٹری نکل آئی ہے کیونکہ بلیک میں اس کے دام اس کے اصل دام سے دو ڈھائی گنا زیادہ ہوا کرتے تھے۔ شروع ہی سے ہمارا اصول رہا ہے کہ اپنی چادر کو دیکھ کر پاؤں پھیلاؤ بلکہ چادر چھوٹی ہو تو اس کے پھیلاؤ میں اضافہ کرنے کے بجائے اپنے پاؤں کو ہی کٹوالو۔ اسی لئے دہلی میں اپنے قیام کے ابتدائی ڈیڑھ برس میں ہمارے پاس ایک آٹو سائیکل ہوا کرتی تھی جس پر بیٹھ کر ہم دہلی کے جان لیوا فاصلوں کو قابو میں کرلیا کرتے تھے۔ یہ ۱۹۷۴ء کی بات ہے جب ہمارے کرم فرما مسٹر محمد علی کرناٹک کے وزیر ٹرانسپورٹ ہوا کرتے تھے۔ وہ جب بھی بنگلور سے دہلی آتے تو ہمیں بطور خاص یاد فرمایا کرتے تھے۔ جب تک وہ دہلی میں رہتے ہمارا زیادہ تر وقت ان ہی کے ساتھ گذرتا تھا۔ ایک رات ہم دیر گئے کرناٹک بھون سے واپس ہونے لگے تو محمد علی صاحب نے اپنے ڈرائیور سے کہا کہ وہ ہمیں گھر چھوڑ آئے۔ اس پر ہم نے کہا "اس زحمت کی ضرورت

نہیں ہے کیونکہ ہم اپنی سواری پر ہیں"۔ یہ سن کر محمد علی صاحب ہمارے ساتھ کرناٹک بھون سے باہر نکل آئے تاکہ یہ دیکھ سکیں کہ ہمارے پاس کونسی سواری ہے۔

جب ہم نے اپنی آٹو سائیکل نکالی تو محمد علی صاحب نے کہا "تم جیسے بڑے ادیب کو آٹوسائیکل پر گھومتے ہوئے شرم نہیں آتی؟"۔ ہم نے مذاق میں کہا "حضور! وزیر ٹرانسپورٹ آپ ہیں۔ بھلا مجھے شرمانے کی کیا ضرورت ہے؟" ہمارا یہ جملہ انھیں تیر کی طرح لگا۔ فوراً ہمارا ہاتھ پکڑ کر کرناٹک بھون میں واپس لے گئے۔ اپنے پرائیوٹ سکریٹری سے ایک کاغذ نکلوایا اور اس سادہ کاغذ پر ہمارے دستخط لے لئے۔ ہم نے سوچا کہ شاید ہمارے آٹو گراف لئے جارہے ہیں۔ اس کے بعد انھوں نے ہمیں گھر واپس جانے کی اجازت دیدی۔ دوسرے دن محمد علی صاحب کو بنگلور واپس جانا تھا۔ چوتھے دن ہم دفتر میں بیٹھے تھے کہ آصف علی روڈ سے بجاج اسکوٹر کے ایجنٹ کا فون آیا کہ حضور کرناٹک کے وزیر ٹرانسپورٹ نے اپنے خصوصی کوٹہ میں سے آپ کے لئے ایک اسکوٹر الاٹ کیا ہے۔

آکر لے جایئے۔ ہمیں یقین نہ آیا۔ دوسرے دن ہم وہاں پہنچے تو سچ مچ ایک نیا نویلا اسکوٹر ہمارا انتظار کر رہا تھا۔ ہمیں اچھی طرح یاد ہے کہ ہم نے اس وقت اس کے دام ۴۴۴۴ روپئے ادا کئے تھے۔ ہم اسکوٹر لے کر گھر پہنچے تو اسی شام پٹنہ سے سہیل عظیم آبادی آگئے۔ وہ پہلے اردو ادیب تھے جنھیں اس اسکوٹر پر ہمارے ساتھ بیٹھنے کا شرف حاصل ہوا تھا۔ یوں نومبر ۱۹۷۴ء کے آخری ہفتہ میں ہم نے اس اسکوٹر کو دہلی کی سڑکوں پر چلانے کا آغاز کیا تھا۔ ہمیں یہ اسکوٹر اس لئے بھی عزیز

رہا ہے کہ اسے ہمارے ایک بزرگ کرم فرما کی دین کی حیثیت حاصل تھی۔ اسے ہم نے ہمیشہ ان کی ایک انمول نشانی کے طور پر جی جان سے سنبھال کر رکھا۔ کبھی اس کی سرویسنگ میں دیر نہ ہونے دی۔ چنانچہ اتنے برس گذر جانے کے بعد بھی آج بھی وہ نئے اسکوٹر کی طرح دکھائی دیتا ہے۔ ان دنوں دہلی میں موٹریں بھی کم تھیں اور اسکوٹر بھی۔ لہذا ہمارا یہ اسکوٹر ہماری پہچان اور ہم اس اسکوٹر کی پہچان بنتے چلے گئے۔

اس اسکوٹر کو حاصل کرنے کے بعد ہمیں یوں لگا جیسے دہلی کے سارے فاصلے سمٹ کر ہمارے ہاتھ کی لکیروں میں سمٹ گئے ہیں۔ بہت عرصہ پہلے ہمارے ایک اور کرم فرما ڈاکٹر ابوالحسن صدیقی نے ایک بار اسکوٹر چلانے والوں کے بارے میں اظہار خیال کرتے ہوئے کہا تھا" کبھی اسکوٹر نہ خریدو کیونکہ ہم نے آج تک کسی کتّے اور اسکوٹر چلانے والے کو آہستہ چلتے ہوئے نہیں دیکھا۔ ہمیشہ سرپٹ دوڑتا ہوا اور بلاوجہ بھاگتا ہو"۔ ان کا یہ بیان بعد میں سچ بھی ثابت ہوا کیونکہ اس اسکوٹر کے آنے کے بعد ہم خواہ مخواہ ہی نقل و حرکت میں رہنے لگے۔ دہلی کی کوئی سڑک اور کوئی گلی ایسی نہ تھی جہاں ہمارا اسکوٹر نہ گیا ہو۔ لوگ آج بھی دہلی کی گلیوں اور سڑکوں کے بارے میں ہماری گہری واقفیت کو جان کر دانتوں میں انگلی دبالیتے ہیں۔ یہ سب اسی اسکوٹر کا فیض ہے۔ دس برس پہلے تک اس کا رفتار والا میٹر کام کرتا تھا۔ ایک دن ہم نے یونہی حساب لگایا تو اندازہ ہوا کہ ہم پوری دنیا کا دو مرتبہ اس اسکوٹر پر بیٹھ کر چکر لگا چکے ہیں۔ اس اسکوٹر پر بیٹھ کر ہم نے سیکڑوں نہیں بلکہ ہزاروں ادبی، سماجی اور تہذیبی محفلوں میں شرکت کی۔ یہاں تک کہ یہ اسکوٹر نہ صرف ہماری پہچان بن گیا

بلکہ اسے ہم سے بھی زیادہ شہرت حاصل ہو گئی۔ ایک زمانہ میں ہم دیر سے گھر واپس جانے کے لئے بڑی شہرت رکھتے تھے۔

گھر واپس جانے کے لئے بسا اوقات ہم راتوں میں اُس وقت کی وزیر اعظم اندرا گاندھی کے گھر کے سامنے سے گذرا کرتے تھے۔ ۱۹۷۷ء میں ایمر جنسی لا گو ہوئی تو وزیر اعظم کی کوٹھی کے آس پاس حفاظتی انتظامات سخت کر دیئے گئے۔ کبھی کبھار یہاں سے گذرنے والی گاڑیوں کی چیکنگ بھی ہو جایا کرتی تھی۔ کم از کم دو مرتبہ ایسا ہوا کہ رات ہم دیر گئے یہاں سے گذرنے لگے تو اچانک گاڑیوں کی چیکنگ شروع ہو گئی۔ چنانچہ ایک کانسٹیبل نے ہمارے اسکوٹر کو بھی روک لیا۔ لیکن ادھر ہم نے بریک لگایا اور ادھر دور کھڑے ہوئے ہیڈ کانسٹیبل نے پکار کر کانسٹیبل سے کہا "اسے جانے دو یہ ۳۵۷۸ ہے۔ یہ روز کی گاڑی ہے۔ اسے جانے دو"۔ اس وقت ہمیں احساس ہوا کہ ہمارا اسکوٹر اب ہم سے زیادہ مشہور ہو گیا ہے۔ اب آپ سے کیا بتائیں کہ کتنی ہی نامور ہستیوں نے اس کی پچھلی سیٹ پر بیٹھ کر ہمارے اسکوٹر کی عزت میں اضافہ فرمایا ہے۔ اردو کا شاید ہی کوئی ایسا ادیب اور شاعر بچ رہا ہو جو اس اسکوٹر پر ہمارے ساتھ نہ بیٹھا ہو۔ یہاں تک کہ کرشن چندر اور راجندر سنگھ بیدی بھی دو ایک بار مختصر فاصلے تک اس پر بیٹھ چکے ہیں۔ یہ کہا جائے تو بیجا نہ ہوگا کہ سیکڑوں آرٹسٹوں، عہدیداران بالا، ارکان پارلیمنٹ اور سیاسی لیڈروں نے ہمارے اسکوٹر کو رونق بخشی ہے۔ نتیجہ میں بعض تو بعد میں مرکزی کابینہ میں وزیر بنے اور بعض تو ریاستوں کے وزرائے اعلیٰ بھی بنے۔ لوگ کہاں سے کہاں پہنچ گئے لیکن ہم نے اپنے اسکوٹر کے ساتھ خوش اور مطمئن رہنے کو ضروری جانا۔

وفاداری بشرط استواری اسی کو تو کہتے ہیں۔ اگرچہ ملک کے مایہ ناز آرٹسٹ ایم ایف حسین بھی ہمارے اسکوٹر کو رونق بخش چکے ہیں لیکن پاکستانی آرٹسٹ صادقین مرحوم کو ہمارا اسکوٹر کچھ اتنا پسند تھا کہ ٹیکسی لے کر ہمارے گھر آتے تھے اور ہماری اسکوٹر پر بیٹھ کر دہلی کی سیر کو نکلتے تھے۔ واپسی میں ہمیں اور ہمارے اسکوٹر کو گھر چھوڑ کر پھر ٹیکسی میں بیٹھ کر اپنے ٹھکانے پر روانہ ہو جاتے تھے۔ جتنی دیر پیچھے بیٹھے تھے اتنی دیر تک اپنی انگشت شہادت کی مدد سے ہماری پیٹھ کر یا تو کوئی خیالی تصویر بنایا کرتے تھے یا آیات قرآنی کی خطاطی فرماتے تھے۔ گرمی کے دنوں میں ایک رات پاکستانی گلوکار غلام علی ہمارے اسکوٹر کی پچھلی سیٹ پر بیٹھ گئے۔ شدید حبس کا عالم تھا۔ وہ چاہتے تھے کہ اس حبس سے بچنے کے لئے ہم یونہی اسکوٹر چلاتے رہیں لیکن مشکل یہ تھی کہ وہ پیچھے بیٹھے بیٹھے کوئی نہ کوئی راگ الاپنا شروع کر دیتے تھے۔ نتیجہ میں ہمیں آگے بیٹھے بیٹھے پیٹھ پیچھے الٹی داد بھی دینی پڑتی تھی۔ بیشتر اردو شاعروں کو اپنے اسکوٹر پر بٹھانے کی وجہ سے ہمیں اس طرح کے پوز میں داد دینے کی خاصی مہارت حاصل ہو گئی تھی۔ اب کیسے بتائیں کہ اس اسکوٹر سے ہماری کتنی ہی قیمتی اور خوبصورت یادیں وابستہ ہیں۔ ہم ان نامور خواتین کے نام یہاں نہیں لکھنا چاہتے جنھوں نے ہمارے اسکوٹر کی پچھلی سیٹ کو رونق بخشی ہے کیونکہ اس میں کچھ پردہ نشینوں کے نام بھی آتے ہیں (ایک تو ہماری اہلیہ محترمہ ہی ہیں)۔

ستائیس برس کے لمبے عرصے میں دو مرتبہ ہم اس اسکوٹر سے گرے بھی لیکن بعد میں اس کی کچھ ایسی مرمت کروائی کہ یہ بالکل نیا نظر آنے لگا۔ اگرچہ پانچ چھ برس پہلے ہمارے پاس موٹر بھی آگئی تھی۔ ہم اس میں بیٹھے ضرور لیکن اسے ہمارے

بچے ہی چلاتے رہے۔ جب بھی ہم اکیلے نکلے اپنے اسکوٹر پر ہی نکلے۔ چار پانچ مہینے پہلے جب گھٹنوں کی سرجری کے بعد ہم اس کو چلانے کے قابل نہیں رہ گئے اور بعد میں دہلی کی سرکار نے بھی اس اسکوٹر کو دہلی کی سڑکوں پر چلنے کی قابل نہیں رکھا اور ایک کباڑی والا چار سو روپیوں میں اسے خریدنے کے ارادہ سے ہمارے گھر کے چکر لگانے لگا تو ہم نے پچھلے دنوں اپنے اس اسکوٹر کو بادیدہ نم پورے ایک ہزار روپئے خرچ کر کے حیدرآباد روانہ کر دیا تا کہ یہ یاقوت پورہ میں ہمارے بڑے بھائی کے داماد عبدالجبار کے گھر میں محفوظ رہ سکے۔ جس اسکوٹر کی رفاقت میں ہم نے اپنی زندگی کے کئی مرحلے طے کئے تھے آج وہ حیدرآباد میں چپ چاپ کھڑا ہے۔ دہلی میں بیٹھ کر ہم جب بھی اس اسکوٹر کو یاد کرتے ہیں تو داغؔ کا شعر یاد آجاتا ہے۔

ہوش و حواس، تاب و تواں داغؔ جا چکے
اب ہم بھی جانے والے ہیں سامان تو گیا

***

۳

قوم کے درد سے گھٹنے کے درد تک

اب یہ کوئی ڈھکی چھپی بات نہیں رہی کہ ہم بھی اسی مرض میں مبتلا ہیں جس میں وزیراعظم اٹل بہاری واجپائی مبتلا ہیں۔ یہاں ہماری مراد قوم کے درد سے نہیں بلکہ گھٹنوں کے درد سے ہے۔ وزیراعظم کے بارے میں تو ہم کچھ کہہ نہیں سکتے البتہ اپنے بارے میں یہ ضرور کہہ سکتے ہیں کہ ایک عرصہ تک قوم کے درد نے ہمیں بہت پریشان کئے رکھا۔ لیکن جب گھٹنوں کا درد ہماری ذات میں آہستہ آہستہ بڑھنے لگا تو قوم کا درد پس پشت چلا گیا۔ یوں بھی قوم کا درد اس وقت تک بھلا معلوم ہوتا ہے جب تک آدمی کے جسم میں کوئی اور درد نہ ہو۔ ہمیں نہیں معلوم کہ وزیراعظم کے گھٹنوں کا درد کتنا پرانا ہے۔ تاہم اتنا جانتے ہیں کہ گھٹنوں کے درد کے معاملہ میں ہم وزیراعظم سے سینئر ہیں۔ کم از کم پندرہ برسوں سے تو ہم اس درد کو چپ چاپ برداشت کرتے چلے آرہے ہیں۔ کسی نے پلٹ کر نہیں پوچھا کہ میاں یہ کونسا درد ہے، کس طرح کا درد ہے اور کتنا پرانا درد ہے۔ چنانچہ ہم اکیلے ہی اکیلے اس درد کو خاموشی سے برداشت کرتے رہے۔ کسی کو اس درد کی تفصیلات نہیں بتائیں۔ مگر جب سے وزیراعظم کے اس درد میں مبتلا ہونے کی اطلاع آئی ہے تب سے یوں لگ

رہا ہے جیسے گھٹنا ہی انسانی جسم کا سب سے اہم ترین عضو ہے۔

ہمیں نہیں معلوم کہ گھٹنے کا شمار انسان کے اعضائے رئیسہ میں ہوتا ہے یا نہیں۔ لیکن اب تو اچھے اچھے اعضائے رئیسہ بھی گھٹنے کے آگے اعضائے غریباں معلوم ہونے لگے ہیں۔ جگہ جگہ گھٹنوں کی تصویریں چھپ رہی ہیں۔ اخباروں میں مضامین چھپ رہے ہیں۔ ٹیلی ویژن والے پروگرام پیش کررہے ہیں۔ اس مرض کے ماہرین کی قسمت بھی چمک اٹھی ہے۔ کل تک امراض قلب کے ماہرین ہی ٹیلی ویژن پر دکھائی دیتے تھے۔ اب گھٹنے کے درد کے ماہرین کو اتنی بار ٹیلی ویژن پر دکھایا جارہا ہے کہ بیٹھے بیٹھے ٹیلی ویژن دیکھتے ہوئے اچھے بھلے آدمی کے گھٹنوں میں بھی درد ہونے لگا ہے۔ بعض اخبارات نے وزیراعظم کی پسندیدہ غذاؤں کی فہرست بھی چھاپ دی ہے۔ اس فہرست کی اشاعت کا مقصد چاہے کچھ بھی رہا ہو لیکن اب عام آدمی ان غذاؤں کے استعمال سے گریز کرنے لگا ہے جنہیں وزیراعظم استعمال کرتے ہیں۔ محض اس ڈر سے کہ کہیں اسے بھی گھٹنے کا درد لاحق نہ ہو جائے۔ ذرائع ابلاغ کے ساتھ مشکل یہ ہوتی ہے کہ کسی چیز کے پیچھے پڑ جاتے ہیں تو بال کی کھال نکال کر رکھ دیتے ہیں۔ اس مرض کے بارے میں ایسی ایسی غیر متعلق باتیں کہی جارہی ہیں کہ گھٹنوں کے درد کا ہم جیسا پرانا مریض بھی پریشان ہے کہ یہ سب کیا ہورہا ہے۔ ماروں گھٹنا پھوٹے آنکھ اسی کو تو کہتے ہیں۔ آپ نے اس بزرگ کا قصہ تو سنا ہوگا جو کسی گاؤں میں اکیلے پڑھے لکھے آدمی سمجھے جاتے تھے۔ ایک بار کسی ضرورتمند نے آکر ان سے گذارش کی کہ وہ کسی صاحب کے نام خط لکھ دیں۔

بزرگ نے معذرت کی کہ بھیا آج میں آپ کی طرف سے خط نہیں لکھ سکوں

گا کیونکہ آج میری ٹانگ میں درد ہے۔ ضرورت مند نے کہا"حضور! مجھے تو آپ کا عذر 'عذر لنگ' لگتا ہے کیونکہ آپ ٹانگ کی مدد سے تو خط نہیں لکھتے۔ ہاتھ سے لکھتے ہیں"۔ اس پر ان بزرگ نے کہا"میاں بات دراصل یہ ہے کہ میں اس گاؤں کا اکیلا پڑھا لکھا آدمی ہوں۔ اگر میں ان صاحب کے نام خط لکھوں گا تو اسے پڑھوانے کے لئے وہ مجھے ہی بلائیں گے اور ٹانگ میں درد کی وجہ سے میں وہاں نہیں جا سکتا۔ ایسے میں مجھ سے خط لکھوانے کا کیا فائدہ"۔ وزیراعظم کے گھٹنے کے درد کے حوالہ سے اب ایسی ہی کئی غیر ضروری اور غیر متعلق باتیں کی جانے لگی ہیں۔ جب تک ہم گھٹنوں کے درد میں مبتلا رہے کسی نے پلٹ کر نہیں پوچھا کہ یہ کیسا درد ہے۔ اب وزیراعظم کے گھٹنوں میں درد ہونے لگا ہے تو ساری قوم اس بارے میں پریشان ہے۔ وزیراعظم کے گھٹنے اور ایک عام آدمی کے گھٹنے میں یہی تو فرق ہے۔ حالانکہ ہم برسوں سے انسانی جسم میں گھٹنوں کی مرکزی اور بنیادی اہمیت سے واقف ہیں۔ دیکھا جائے تو حکومت کو بھی گھٹنوں کی اہمیت کا اندازہ ہونا چاہئے کیونکہ وہ تو آئے دن امریکہ اور بڑی طاقتوں کے آگے گھٹنے ٹیکتی آئی ہے بلکہ گھٹنے ٹیکنے کے معاملہ میں ہماری حکومت جتنا وسیع تجربہ رکھتی ہے وہ دنیا کی کوئی اور حکومت نہیں رکھتی۔

ٹریڈ یونینیں، تاجر، صنعت کار اور منافع خور تو آئے دن حکومت کو گھٹنے ٹیکنے پر مجبور کرتے رہتے ہیں لیکن آج تک کسی نے گھٹنوں کی اہمیت کو تسلیم نہیں کیا۔ یہ تو اس مرض کی خوش بختی ہے کہ بالآخر وزیراعظم اس میں مبتلا ہو گئے ورنہ اس مرض کی خیریت کون پوچھتا۔ یہ ایک اتفاق ہے کہ وزیراعظم واشنگٹن میں جہاں اپنے گھٹنوں کا چیک اپ کرا رہے ہیں وہاں ہم بھی اپنے گھٹنوں کا معائنہ کروا چکے ہیں۔

امریکی ڈاکٹروں نے ہمارے گھٹنوں کی بُری حالت کو بھانپنے کے بعد کہا تھا "میاں! ہمیں تو تمہارے چلنے اور بعض ایشیائی ملکوں کی سرکاروں کے اب تک چلتے رہنے پر سخت حیرت ہے"۔ سچ تو یہ ہے کہ خود ہمارے ملک کی سرکار کے گھٹنے بھی خراب ہیں اور ایک عرصہ سے ہماری جمہوریت اور سرکاریں لنگڑاتی ہوئی چل رہی ہیں۔ آدمی کے گھٹنے کا درد جب بڑھ جاتا ہے تو آدمی لاٹھی کی مدد سے چلنے کی کوشش کرتا ہے جب کہ ہماری موجودہ مرکزی حکومت کے گھٹنوں کی خرابی کا یہ عالم ہے کہ وہ ایک نہیں دو نہیں بلکہ پورے دو درجن لاٹھیوں کی مدد سے چل رہی ہے۔ ایمان کی بات تو یہ ہے کہ وزیراعظم کے گھٹنے اتنے خراب نہیں ہیں جتنے کہ ہماری مرکزی حکومت کے گھٹنے خراب ہیں۔

گھٹنوں کے درد کی ایک خوبی یہ ہوتی ہے کہ آدمی ایک بار کرسی پر بیٹھ جائے تو اسے کرسی سے اٹھنے میں بڑی دشواری پیش آتی ہے۔ عام آدمی کے لئے بھلے ہی یہ مرض نقصان دہ ہوتا ہو لیکن سیاسی قائدین کے لئے یہ مرض ایک نعمت غیر مترقبہ کی حیثیت رکھتا ہے کیونکہ سیاسی قائدین ایک بار اقتدار کی کرسی پر بیٹھ جاتے ہیں تو انھیں اس کرسی سے اٹھنے میں ہمیشہ دشواری پیش آتی ہے چاہے ان کے گھٹنے کتنے ہی اچھے کیوں نہ ہوں۔

ڈاکٹروں کا مشورہ ہے کہ ہم اپنے پرانے گھٹنوں کو نکال کر ان کی جگہ مصنوعی گھٹنے لگوالیں۔ ہم نے اس بات پر بہت غور کیا ہے۔ سوچتے ہیں کہ اب جب کہ ہم قبر میں پاؤں لٹکائے بیٹھے ہیں وہاں مصنوعی گھٹنے لٹکا کر کیوں بیٹھیں۔ پرانے گھٹنوں کو ہی اپنے ساتھ لے کر اس دنیا سے کیوں نہ چلے جائیں۔ اگرچہ امریکی ڈاکٹروں کا کہنا

ہے کہ انسانی جسم میں ایک بار مصنوعی گھٹنے لگادئے جائیں تو یہ کم از کم تیس برس تک چلتے رہتے ہیں۔ اس کا مطلب یہ نہ لیا جائے کہ آدمی کے مرنے کے بعد بھی اس کے پاؤں چلتے رہتے ہیں۔

بہر حال گھٹنوں کا درد ایک تکلیف دہ مرض ہے جو اس تکلیف سے گذرتا ہے وہی اس کی اذیت کو بخوبی جان سکتا ہے۔ بخدا ہم نے بھی دنیا بھر کے علاج کرار کھے ہیں اور اس نتیجہ پر پہنچے ہیں کہ یہ ایک ایسا ناقابل علاج مرض ہے جو ایک بار کسی کو لاحق ہو جائے تو وہ چار کندھوں پر سوار ہو کر ہی اس دنیا سے جاتا ہے ورنہ تو ہمیں اس کے جانے کی کوئی صورت نظر نہیں آتی۔ ہمیں خوشی ہے کہ وزیراعظم کے گھٹنوں کے درد کی خبر عام ہو جانے کے بعد لوگ اب ہمارے گھٹنوں کے درد کی اہمیت کو بھی تسلیم کرنے لگے ہیں۔ اندھا کیا چاہے ایک لاٹھی۔

***

۴

کویل کی کُوک کو سن کر

نہ جانے کتنے ہی برسوں بعد کل سویرے آنکھ کھلی تو کانوں میں اچانک کویل کی کُوک سنائی دی۔ ہمیں تو یقین ہی نہ آیا کہ یہ ہمارے اپنے کان ہیں۔ کویل تو بہت دور کی بات ہے، کچھ دیر کے لئے شبہ ہوا کہ شاید کسی ٹیلی ویژن یا ریڈیو پروگرام میں کوئی کویل کُوک رہی ہو لیکن ٹیلی ویژن اور ریڈیو دونوں ہی بند تھے۔ صبح کی سپیدی بھی اچھی طرح افق پر نمودار نہیں ہوئی تھی۔ بستر میں پڑے پڑے سوچتے رہے کہ اتنے برسوں تک یہ کویل کہاں غائب رہی یا ہم ہی کویل سے دور رہے۔ انسان اپنی غلطی کہاں تسلیم کرتا ہے۔ اسے تو الزام عائد کرنے کی عادت سی پڑ گئی ہے۔ ان دنوں جبکہ انسانوں نے ایک دوسرے کی باتوں کو سننا اور سمجھنا چھوڑ دیا ہے، اس ایک کویل کی آواز نے اچانک ہم سے بہت کچھ کہہ دیا۔ ایک زمانہ تھا جب کویل کی کُوک ہمارے روز مرہ میں شامل تھی۔ روز ہی کویل کی کُوک سنائی دیتی تھی اور دل میں کتنے ہی جذبوں کو بیدار کر دیتی تھی۔ ہماری نوجوانی کے وہ دن جو کبھی دیہاتوں اور کھیتوں کے درمیان گذرا کرتے تھے وہاں کویل کی کُوک کوئی نئی بات نہیں تھی۔

کویل ہم سے کیا کہنا چاہتی تھی ہمیں کچھ بھی سمجھ میں نہیں آتا تھا مگر اس کُوک کو سن کر ہمارے سارے وجود پر ایک سرشاری سی طاری ہو جاتی تھی۔ کویل سے تو ہم کچھ کہنا نہیں چاہتے تھے لیکن کویل کی کُوک کے حوالے سے ہمیں وہ سب کچھ یاد آجاتا تھا جو ہم کسی سے کچھ کہنا چاہتے تھے۔ کبھی کبھی یہ خیال بھی آتا تھا کہ کویل کی یہی کُوک جب اس ہستی کے کان میں پڑے گی جس سے ہم کچھ کہنا چاہتے تھے تو ہو سکتا ہے ہمارے دل کی ساری باتیں اس ہستی پر پہنچ جائیں۔ ترسیل کا یہ عجیب و غریب انداز بھلے ہی کسی کو مضحکہ خیز لگے لیکن یہ تھا بڑا توانا اور مستحکم۔ آپ یقین کریں کہ ایک عرصہ تک کویل کی یہ کُوک ہمارے سارے وجود میں پیار، محبت، خلوص اور انسانیت کی شمعیں جلا دیتی تھی۔ کہنے کو کویل ایک پرندہ ہے لیکن اس کی معرفت ہم پیار اور محبت کا درس لیا کرتے تھے۔ لیکن بعد میں جب ہم بڑے شہروں میں رہنے لگے تو کویل اور اس کی آواز ہم سے دور ہوتی چلی گئی۔

کل جب سویرے سویرے اچانک اس کویل کی آواز کانوں میں پڑی تو احساس ہوا کہ اس کویل نے ہم سے ڈھیروں ایسی باتیں کہہ دی ہیں جنھیں ہم لفظوں میں بیان نہیں کر سکتے۔ کتنے ہی جذبے اچانک بیدار ہو گئے، کتنی ہی یادیں روشن ہو گئیں۔ اس عرصہ کی بازیافت ہو گئی جس میں پچاس ساٹھ برس پہلے ہم سانس لیا کرتے تھے۔ ہم سوچنے لگے کہ انسانوں کی بھیڑ میں رہتے رہتے جب ہمیں خود انسانوں کی باتیں سمجھ میں نہیں آنے لگی ہیں بلکہ کچھ بھی سمجھ میں نہیں آنے لگا ہے تو افراتفری اور نفسا نفسی کے اس ماحول میں اس کویل نے اپنی ایک کُوک کے ذریعہ ایسی کیا بات کہہ دی کہ ہمارے جذبوں کے تار جھنجھنا اٹھے ہیں۔ کائنات اور

انسانیت پر پھر سے اعتماد بحال ہونے لگا ہے۔

جہاں انسانیت پر اعتماد کی بحالی کے لئے اب کسی انسان کی بات پر یقین کرنے کو جی نہیں چاہتا ہو وہاں ایک معمولی کویل نے ہم میں انجان اور معصوم جذبوں کا ایک طوفان برپا کر دیا۔ کہیں اسکا یہ مطلب تو نہیں کہ ہم انسانوں کی باتوں سے دور اور پرندوں کی بولیوں سے قریب ہوتے جا رہے ہیں۔ بخدا اب تو کبھی اپنے انسان ہونے پر شرم سی آتی ہے اور ندامت کا احساس ہوتا ہے۔ قدرت نے انسان کو اظہار کے لئے لاکھوں لفظ عطا کئے ہیں لیکن بیچاری کویل کو صرف ایک کُوک عطا کی ہے لیکن یہ اکیلی کُوک نہ جانے ہم سے اتنی ساری باتیں کس طرح کہہ گئی کہ اس کے آگے سارے لفظ ہیچ اور بے معنی نظر آنے لگے ہیں۔ ہمیں نہیں معلوم کہ جس کویل کی آواز ہم نے کل سنی اس کے پُرکھوں کی آواز ہم نے کئی برس پہلے کب سنی تھی۔ اس کی کئی پشتیں اب تک گذر چکی ہوں گی۔ پرندوں کی عمر ہی کتنی ہوتی ہے۔ پانچ دس برس میں اپنی زندگی کے سارے کاروبار سے فراغت پا کر اس دنیا سے رخصت ہو جاتے ہیں۔ اسی میں ان کا بچپن آتا ہے، جوانی کے دن آتے ہیں، مرادوں کی راتیں آتی ہیں۔ قدرت نے ان کے ذمہ جو کام سونپا ہے اسے انجام دے کر چپ چاپ اس دنیا سے چلے جاتے ہیں۔

انسان اب برسوں زندہ رہنے لگا ہے۔ قدرت نے اس کے ذمہ جو کام سونپا ہے اُسے انجام دینے کی بجائے اب وہ کائنات ہی سے بدلہ لینے لگا ہے۔ ہم یہ سوچ کر حیران ہو جاتے ہیں کہ قدرت نے لاکھوں برس پہلے کویل کو کُوک عطا کی تھی وہ اسی پر قانع اور مطمئن ہے اور اسی ایک کوک کے ذریعہ وہ اپنی زندگی کا سفر طے کر لیتی

ہے۔ انسان نے صدیوں کے لمبے سفر میں اپنے اظہار کے لئے بے شمار لفظ ایجاد کر لئے ہیں۔ کئی زبانیں اپنائی ہیں لیکن لفظوں کی اس بہتات میں لگتا ہے انسان اپنی آواز کو کھوتا جارہا ہے۔ لفظ اپنے معنی بدلتے جارہے ہیں۔ انسان نے ہزاروں ڈکشنریاں تیار کررکھی ہیں لیکن ان میں شامل کتنے ہی لفظوں کے وہ معنی نہیں جانتا۔ لفظوں کی اس بہتات میں وہ گونگا اور بہرہ ہوتا جارہا ہے۔ لفظ اب اس کے قبضۂ قدرت میں نہیں رہے۔ جو لفظ وہ بولتا ہے خود ان پر عمل کرنے کا وہ اہل نہیں رہا۔ ڈکشنریوں کی حیثیت اب لفظوں کے تابوتوں کی سی ہوگئی ہے۔ کیا انسان کو زندہ رہنے کے لئے اب واقعی اتنے سارے لفظوں کی ضرورت ہے۔ کیا ان سارے لفظوں کو ملاکر انسان کے لئے بھی ایک ایسی کُوک ایجاد نہیں کی جاسکتی جو سب کی سمجھ میں آسکے۔ اکیسویں صدی میں داخل ہونے کے بعد انسانوں نے اب ایک ایسا ماحول تیار کرلیا ہے جہاں وہ ایک دوسرے کی بات کو سمجھنے کے اب قابل نہیں رہے ہیں۔ قومی اور بین الاقوامی سطح پر اب ایسے دانشور اور سیاستدان ہمیں جابجا نظر آنے لگے ہیں کہ جب وہ محبت اور بھائی چارے کی بات کرتے ہیں تو لگتا ہے قتل و غارتگری اور بربادی کی باتیں کررہے ہیں۔

جب وہ آپس میں گلے ملتے ہیں تو یوں معلوم ہوتا ہے جیسے وہ گلے نہ مل رہے ہوں بلکہ ایک دوسرے کے گلے دبوچ رہے ہوں۔ ان کے قول اور فعل میں ہمیں کہیں بھی کوئی مماثلت نظر نہیں آتی۔ اس لئے تو ہم لفظوں اور ان کے مفہوم سے مایوس ہوتے جارہے ہیں۔ کس کی بات سنیں اور اگر سنیں تو اس پر یقین کس طرح کریں۔ لگتا ہے انسانوں نے لفظ اس لئے ایجاد نہیں کئے کہ ان کی مدد سے اپنی بات

دوسرے تک پہنچا سکیں بلکہ لفظ اس لئے ایجاد کئے ہیں کہ ان کی مدد سے ایک دوسرے کو دھوکہ دے سکیں اور ایک دوسرے کو نقصان پہنچا سکیں۔ ان لفظوں کی مدد سے وہ انسانیت کا دامن تار تار کرتے چلے جارہے ہیں۔ انسانوں کا قتل تو ہوتا ہی جارہا ہے۔ اب الفاظ کا بھی قتل عام ہونے لگا ہے اور لفظوں کے قتل عام کو ہم انسانیت کا قتل عام سمجھتے ہیں۔ یہی وجہ ہے کہ کل اچانک کئی برس بعد کویل کی آواز سنی تو اس کی کُوک نے ہم سے کئی باتیں کہہ دیں۔ لاکھوں برسوں سے کویل کے پاس صرف ایک کُوک ہے۔ نہ وہ کوئی زبان جانتی ہے اور نہ ہی اس کی بولی کی کوئی ڈکشنری ہے۔ کوا ہزاروں برسوں سے صرف کائیں کائیں کرتا چلا آرہا ہے اور اپنی زندگی کے سارے کام انجام دے کر دنیا سے چپ چاپ چلا جاتا ہے۔

انسان پہلے بات کرنا نہیں جانتا تھا۔ پھر اس نے بات کرنا سیکھا، سیکڑوں زبانیں ایجاد کیں، کئی بولیاں اختیار کیں۔ کئی لفظ بنائے اور انھیں مفہوم عطا کیا، مگر اب انسان کے یہ لفظ کھوکھلے ہوتے جارہے ہیں اور ان کا مفہوم بدلتا جارہا ہے۔ انسان ان لفظوں کے ذریعہ اب اپنے دل کا مدعا ایک دوسرے سے بیان کرنا نہیں چاہتے بلکہ ان لفظوں کی مدد سے ایک دوسرے کو برباد کرنا چاہتے ہیں۔ اسی لئے اب ہمیں کویل کی کُوک کے آگے ساری زبانوں کے لفظ بے توقیر اور بے معنی نظر آنے لگے ہیں۔ صدیوں کے سفر کے بعد کویل کی کُوک نے اپنا مفہوم نہیں کھویا البتہ انسانوں کے لفظ اب اپنے مفاہیم کھو چکے ہیں، کھوکھلے اور ننگے ہو چکے ہیں۔ کویل کی آواز سن کر ہمیں لندن کے علاقہ ہیمپسٹیڈ میں واقع مشہور شاعر کیٹس کا وہ گھر یاد آیا جہاں کسی بلبل کی آواز کو سن کر کیٹس نے اپنی شہرہ آفاق نظم " Ode to

"Nightingale" لکھی تھی۔ اس نظم میں کیٹس نے کتنی ہی خوبصورت باتیں کہی تھیں۔ کیا اکیسویں صدی کا انسان کیٹس کی اس نظم کے پیغام کو سمجھ سکتا ہے۔ اسی لئے تو ہمیں اب کویل کی کُوک اور بلبل کا نغمہ انسانوں کی باتوں سے کہیں زیادہ معتبر، سچے اور مستحکم نظر آنے لگے ہیں۔

***

۵

بینگن کا بول بالا

دہلی میں ہمارے ایک جگری دوست ہیں سردار اوتار سنگھ جج۔ انگریزی کے صحافی ہیں، لیکن پنجابی اور اُردو پر بھی گہری قدرت رکھتے ہیں۔ ایسے زندہ دِل اور فقرہ باز انسان ہیں کہ جس محفل میں بھی موجود ہوتے ہیں، اسے اپنی دلچسپ باتوں کے ذریعہ قہقہہ زار بنادیتے ہیں۔ بیس پچیس برس پہلے کافی ہاؤس میں ایک دن انھوں نے ہم سے پوچھا "یار! یہ اُردو والے اچھی خاصی اُردو بولتے بولتے اچانک بیچ میں فارسی کے کچھ الفاظ بھی بول دیتے ہیں، جیسے خورد و نوش۔۔۔ یہ کیا ہوتا ہے؟" ہم نے کہا "کھانا پینا"۔ پوچھا "اور یہ گفت و شنید؟" ہم نے کہا "کہنا سننا"۔ بڑی معصومیت سے بولے "اوّل الذکر بہت اچھی چیز ہے۔ جب بھی ایسی کوئی صورت پیدا ہو تو مجھے ضرور یاد کرنا، البتہ موخر الذکر چیز یعنی گفت و شنید سے مجھے ہمیشہ دُور رکھنا"۔

اوتار سنگھ جج کی یاد آج ہمیں اس لئے آگئی کہ پچھلے کچھ عرصہ سے ہم اپنے کالم میں "خورد و نوش" کے چکر میں پھنسے ہوئے ہیں۔ پہلے آٹے دال کا بھاؤ معلوم کرتے رہے اور آج ہمیں اپنی مرغوب سبزی بینگن کے بارے میں اظہار خیال کرنا

پڑ رہا ہے۔ کچھ دن پہلے انگریزی اخبار "ہندو" میں مرکزی وزیر ماحولیات اور جنگلات جے رام رمیش کی تصویر شائع ہوئی تھی جس میں دیکھا کہ موصوف اپنی گردن میں دس بارہ خوبصورت بینگنوں کی مدد سے تیار کیا گیا ہار پہنے کھڑے ہیں اور زبردستی مسکرانے کی کوشش فرمارہے ہیں (زبردستی مسکرانے کا ذکر اس لئے کیا گیا ہے کہ موصوف کے گلے میں یہ ہار احتجاجی مظاہرین نے پہنایا تھا)۔ جے رام رمیش کو ہم نے بیسیوں بار دہلی کے انڈیا انٹر نیشنل سنٹر میں دیکھا ہے جہاں یہ اپنے احباب سے ملنے کے لئے پابندی سے آتے ہیں۔ بے حد خوش شکل، وجیہہ و شکیل شخصیت کے مالک ہیں۔ ہمیں ان کی وجاہت اس لئے بھی پسند آتی ہے کہ ان کے سر پر جو گھنے بال ہیں، وہ ہماری نوجوانی کے دنوں کے بالوں سے بہت مشابہ ہیں۔ غالباً یہ ان کی شخصیت کا ہی کمال ہے کہ تصویر میں بینگنوں کا جو ہار ان کے گلے میں نظر آرہا ہے، اس میں شامل بینگن بھی ہمیں خوبصورت اور وجیہہ و شکیل نظر آرہے ہیں۔ یہ الگ بات ہے کہ یہ بینگن خالص ہندوستانی ہیں جب کہ جے رام رمیش ملک میں امریکہ کے بی ٹی بینگنوں (BT Brinjal) کی فصل اُگانے اور اسے مقبول بنانے کی کوشش کر رہے ہیں۔

ہم سبزیوں کے بارے میں زیادہ معلومات نہیں رکھتے۔ بھنڈی، آلو، بینگن، ٹماٹے، اروی، شلغم، چقندر، گوبھی، پیاز، لوکی (جسے ہم دکن میں کدو کہتے ہیں)، مولی، ککڑی، وغیرہ جیسی سبزیوں کے ذائقہ سے ہماری زبان ضرور آشنا ہے۔ تاہم ان کے طریقۂ کاشت اور فصل وغیرہ کے بارے میں کچھ بھی نہیں جانتے، تاہم باورچی خانہ میں جس طرح کے ہاتھ ان سبزیوں کو پکاتے ہیں، ان کی مہارت یا اناڑی

پن کے حساب سے یہ سبزیاں ہمیں حسب توفیق اچھی یا بُری معلوم ہوتی ہیں۔ ہمارا ذاتی خیال یہ ہے کہ پکوان کا اصل ذائقہ اُسے پکانے والی کے ہاتھوں میں ہوتا ہے، سبزیوں میں نہیں۔ جے رام رمیش کا کہنا ہے کہ امریکہ کے بی ٹی بینگن، کاشت کی جدید ٹکنالوجی کی مدد سے اُگائے جاتے ہیں۔ ان بینگنوں میں کچھ ایسے جینس (Genes) کو داخل کیا جاتا ہے جن کی وجہ سے ان میں کیڑے بالکل نہیں پیدا ہوتے اور یہ زیادہ مدت تک تر و تازہ بھی رہتے ہیں اور سب سے بڑی خوبی یہ ہے کہ اس کے ایک بینگن کی جسامت ہمارے دس بارہ بینگنوں کے برابر ہوتی ہے۔ گویا اس جسامت کے دس بارہ امریکی بینگنوں کا ہار اگر خدانخواستہ وزیر زراعت کی گردن میں ڈال دیا جائے تو وہ حکومت کا بوجھ اُٹھانے کے قابل بھی نہیں رہ پائیں گے۔ ان بینگنوں کی دوسری خوبی یہ بھی ہے کہ اس کی فصل سال میں کئی بار اُگائی جاسکتی ہے۔ تاہم ملک کے کسان اور بعض ماہرین زراعت بینگن کی اس جدید نسل کی فصل کو اپنے ملک میں اُگانے کی مخالفت کر رہے ہیں۔

ہمیں ان بینگنوں کے محاسن اور عیوب کے بارے میں کچھ نہیں کہنا ہے، کیونکہ ہم کوئی ماہر زراعت تو ہیں نہیں کہ اس موضوع پر کچھ اظہارِ خیال کر سکیں۔ یوں بھی دیسی بینگن ہماری پسندیدہ سبزی ہے، کیونکہ یہ نہ صرف سستی ہوتی ہے بلکہ ہمارے سیاسی رہنماؤں کی رہنمائی کا فریضہ بھی انجام دیتی ہے۔ جن لوگوں کو حیدرآباد کے بگھارے بینگن کھانے کا اور عملی سیاست میں تھالی کے بینگنوں کو دیکھنے اور انھیں برتنے کا موقع ملا ہے، وہ جانتے ہیں کہ بینگن کتنے کام کی سبزی ہے۔ یوں تو بینگن ساری دنیا میں پیدا ہوتے ہیں، لیکن انھیں شہرت صرف حیدرآباد میں ملی،

کیونکہ حیدرآبادی خواتین باتیں بگھارنے کے علاوہ ان بینگنوں کو مخصوص ڈھنگ سے بگھارنے کا ایسا انوکھا سلیقہ جانتی ہیں کہ انھیں کھانے والا بس اُنگلیاں چاٹتا رہ جاتا ہے۔

بے شک، حیدرآباد اپنی بریانی کے لئے بھی شہرت رکھتا ہے، لیکن جب تک اس بریانی کو بگھارے بینگن کے ساتھ نہ کھایا جائے، یہ حلق سے نیچے نہیں اُترتی۔ شمالی ہند میں بینگن کا بھرتہ بھی بڑے شوق سے کھایا جاتا ہے، لیکن اس میں وہ بات نہیں ہوتی جو حیدرآباد کے بینگنوں میں پائی جاتی ہے۔ بینگنوں کی جدید امریکی نسل کے بارے میں کہا جارہا ہے کہ اس میں کیڑوں کے داخل ہونے کی کوئی گنجائش نہیں ہوگی جب کہ ہمارے اکثر دیسی بینگنوں کو کاٹنے پر پتہ چلتا ہے کہ ان میں کیڑے بکثرت پائے جاتے ہیں۔

ہم تو خیر پکوان کے بارے میں کچھ بھی نہیں جانتے، لیکن ہمارے ایک ماہر پکوان دوست کا کہنا ہے کہ پکے ہوئے بینگن میں ذائقہ بینگن کے بیجوں کی وجہ سے پیدا نہیں ہوتا بلکہ ان کیڑوں کی وجہ سے پیدا ہوتا ہے، جو بینگن کے بیجوں میں کچھ اس طرح شیر و شکر ہو جاتے ہیں کہ بیجوں اور کیڑوں میں فرق کرنا دشوار ہو جاتا ہے۔ اس اعتبار سے بینگن کا سالن جہاں ویجیٹیرین ہوتا ہے، وہیں نان ویجیٹیرین بھی ہوتا ہے۔ بہرحال، یہ مسئلہ ایسا ہے جس پر ماہرین پکوان کو غور کرنا چاہئے۔ بینگن کو بعض لوگ 'سبزیوں کا سرتاج' بھی کہتے ہیں، کیونکہ اس کے سر پر ایک تاج ہوتا ہے جو دیکھنے میں بہت بھلا معلوم ہوتا ہے۔ یہ الگ بات ہے کہ کھانے والے احتراماً اس تاج کو نہیں کھاتے۔

ہمیں یہ تسلیم کرنے میں کوئی عار نہیں کہ امریکہ کی دریافت کے بعد دُنیا کئی سبزیوں اور پھلوں سے روشناس ہوئی۔ مثال کے طور پر آلو آج دُنیا کے ہر براعظم اور ہر خطہ میں پیدا ہوتا ہے، لیکن امریکہ کی دریافت سے پہلے یہ امریکہ کے سوائے کسی اور براعظم میں پایا نہیں جاتا تھا۔ امریکہ سے نکل کر یہ دُنیا میں ہر جگہ ایسا پھلا پھولا کہ آج ساری دُنیا امریکہ کے آلو کلچر (Potato Culture) کی گرفت میں آچکی ہے۔

بہر حال، اس وقت بات بینگن کی ہو رہی ہے اور قیاس اغلب ہے کہ یہ سبزی ہندوستان میں ہزاروں سال سے موجود ہے۔ اس کا ثبوت یہ ہے کہ ہمارے سماج میں تھالی کے بینگنوں کا چلن بھی ہزاروں برس سے جاری و ساری ہے۔ جدھر جائیے، تھالی کے بینگنوں کا بول بالا ہے، کیونکہ ان میں لڑھکنے کی زبردست صلاحیت پائی جاتی ہے۔

ہمارا مشورہ تو یہ ہے کہ امریکہ کے ماہرین زراعت ہمارے بینگنوں پر اپنا وقت اور توانائیاں ضائع کرنے کی بجائے ہمارے ملک میں پھیلے ہوئے تھالی کے بینگنوں کی مناسب افزائش کی جانب توجہ کریں۔ ان میں کچھ ایسے Genes داخل کریں کہ ان کے لڑھکنے میں استقامت پیدا ہو اور ان کے نظریات میں استحکام کے امکانات فروغ پائیں، لیکن ہمیں اندیشہ ہے کہ امریکہ کے ماہرین زراعت اور ماہرین سماجیات اس طرف کوئی توجہ نہیں کریں گے۔ کیونکہ امریکہ کو دُنیا میں اپنی برتری اور افضلیت کو برقرار رکھنے کے لئے قدم قدم پر تھالی کے بینگنوں کی ضرورت پیش آتی رہتی ہے۔ چنانچہ آج دنیا میں کئی ممالک ایسے ہیں جن کی حیثیت تھالی کے بینگن

کے سوائے کچھ بھی نہیں۔

امریکہ کے ماہرین زراعت جب بینگنوں کی جسامت میں کئی گنا اضافہ کرنے کے خواہش مند ہیں تو امریکہ کے ماہرین سماجیات سے یہ ڈر ہو رہا ہے کہ کہیں وہ خود امریکہ کی جسامت میں اتنا اضافہ نہ کر دیں کہ اس میں ساری دنیا ہی سما جائے۔ آخر میں ہم یہ عرض کرنا چاہیں گے کہ امریکہ ہمارے بینگن کو اس کے حال پر چھوڑ دے، کیونکہ یہی وہ سبزی ہے جو آسانی سے اس ملک کے غریبوں کو میسر آجاتی ہے۔

آپ نے دیکھا ہوگا کہ ملک میں ٹماٹروں کی قلت ہو جاتی ہے۔ آلو بھی عنقا ہو جاتے ہیں، کبھی پیاز بھی غائب ہو جاتی ہے، لیکن بینگن کی قلت کے بارے میں کبھی نہیں سنا۔ پھر ہمارے حیدرآبادی بگھارے بینگن کے سالن کو دیکھا کہ یہ کبھی باسی ہونے کا نام نہیں لیتا بلکہ جوں جوں اس کی تاریخ پکوان یا تاریخ پیدائش میں اضافہ ہوتا جاتا ہے، اس کے ذائقہ کا عہد شباب بھی تر و تازہ ہوتا چلا جاتا ہے۔ پھر بینگن ایک پُر امن اور بے ضرر سی سبزی ہے۔

ٹماٹے کو دیکھئے کہ جب یہ خراب ہونے لگتا ہے تو یہ بطور احتجاج سیاسی جلسوں اور مشاعروں میں پھینکنے کے کام آتا ہے جس کی وجہ سے سیاسی لیڈروں اور شاعروں کا حلیہ بگڑ جاتا ہے۔ بینگن میں سوائے بیجوں کے اور کوئی چیز ہوتی ہی نہیں جو دوسروں کا کچھ بگاڑنے کے کام آسکے۔ بینگن کی اسی بے توقیری اور بے سر و سامانی کا نتیجہ ہے کہ دکنی محاوروں میں اسے سالن بنانے سے کہیں زیادہ استعمال کیا جاتا ہے، جیسے آپ کیا بینگن کام کرتے ہیں؟ آپ کسی چیز کے بارے میں بینگن بھی نہیں

جانتے؟ آپ نے ہماری عزت بینگن میں ملا دی! آپ میرا کام نہیں کرتے تو بینگن ستی۔۔۔ وغیرہ وغیرہ۔ اس سبزی کو آپ جدید ٹکنالوجی اور وہ بھی امریکی ٹکنالوجی سے دُور ہی رکھیں تو اچھا ہے۔

***

۶

پتے جو لاپتہ ہو گئے

ہمارے پاس ایک ڈائری ہے جو ۱۹۸۰ سے ۲۰۰۰ء تک ہمارے زیر استعمال رہی۔ ۱۹۸۰ء میں جب ہم اپنے پہلے بیرونی سفر پر جاپان جانے لگے تو ہم نے اس میں اپنے بعض اہم ہندوستانی احباب کے پتے اس خیال سے لکھ لئے تھے کہ جاپان کے لمبے قیام کے دوران میں کہیں ہمیں اپنے ان احباب سے رابطہ قائم کرنے کی ضرورت نہ پیش آجائے۔ اسّی اور نوّے کی دہائیوں کا عرصہ ہماری ادبی، سماجی، تخلیقی سرگرمیوں کا نہایت فعّال زمانہ رہا ہے۔ اس عرصہ میں ہم نے کئی بیرونی ممالک کے سفر کئے۔ نئی نئی زمینوں پر قدم رکھنے کے علاوہ نئے نئے آسمانوں میں جھانک آئے۔

جوں جوں ہمارے تعلقات نے وسعت اختیار کی، ہماری اس ڈائری میں نئے پتے جلوہ فگن ہوتے چلے گئے۔ تعلقات کے نئے پھول کھلنے لگے اور رشتوں کی کلیاں چٹکنے لگیں۔ جاپان جاتے وقت ہماری اس ڈائری میں اپنے ہندوستانی احباب اور رشتہ داروں کے صرف بیس پتے لکھے گئے تھے مگر جب ۲۰۰۰ء میں ہم پھر امریکہ جانے لگے تو دیکھا کہ اس ڈائری میں پتوں کی تعداد ایک ہزار سے تجاوز کر گئی ہے اور اس

میں مزید پتوں کے اندراج کی کوئی گنجائش باقی نہیں رہ گئی ہے۔ پھر بھی ہم اس ڈائری کو اپنے ساتھ لے گئے اور ایک نئی ڈائری میں نئے اور ضروری پتوں کو لکھنے لگے۔ پچھلے دس بارہ برسوں سے یہ ڈائری ہمارے پاس ایک عظیم مخطوطے یا ہمارے رشتوں اور تعلقات کے عالیشان مقبرے یا آخری آرام گاہ کے طور پر محفوظ ہے۔ ایک زمانہ تھا جب ہم پھیل کر خود زمانہ بن گئے تھے، مگر اب سمٹ کر ایک ایسا دلِ عاشق بن گئے ہیں

جس کی ہر دھڑکن یادوں کا خاموش طوفان بپا کر دیتی ہے، جس کی ہر کسک اسے صبر و تحمل کا پتھر بنا دیتی ہے اور جس کی ہر آواز لق ودق صحرا کی وسعتوں اور تنہائیوں میں تحلیل ہو کر اس بات کا اعلان کرتی ہے کہ اول فناء آخر فنا۔ کل ہمیں ذرا سا سکون میسر آیا اور فرصت ملی تو ہم نے پتوں کی اس ڈائری کو کھول کر پڑھنا شروع کیا۔ ایک دو صفحوں کے بعد ہی ہمیں اندازہ ہوا کہ اس ڈائری میں شامل کئی پتے اب ہمارے لئے لاپتہ ہو چکے ہیں۔ کئی رشتوں کی سانس اُکھڑ چکی ہے، تعلقات کی نبض رُک گئی ہے، قدرت نے مراسم کے تابوت میں آخری کیل ٹھونک دی ہے اور کئی بزرگوں اور احباب نے اس عالم فانی سے اپنا رشتہ توڑ کر عالم بالا میں مستقل سکونت اختیار کرلی ہے جہاں کا پتہ خود ہمیں بھی نہیں معلوم ہے (انشاء اللہ جلد ہی معلوم ہو جائے گا)۔ ہم نے سوچا کہ جو لوگ اب اس دنیا کی گلیاں، سڑکیں، محلے اور شہروں کو چھوڑ کر چلے گئے ہوں اور جن کا اب اس دنیا سے کوئی تعلق ہی نہ رہ گیا ہو انہیں یہاں کے پتوں میں کیوں مقید رکھا جائے۔ ہمارا کرب یہیں سے شروع ہوا، اور دل پر یکے بعد دیگرے بجلیاں سی گرنے لگیں۔ اب آپ سے کیا چھپائیں کہ

ساٹھ برس پہلے ہم حیدر آباد کے محلہ فرحت نگر کے ایک ایسے مکان میں رہتے تھے جہاں جانے کے لئے کئی تنگ گلیوں سے گزرنا پڑتا تھا

، جس کے باعث اجنبیوں کو ہمیں اپنے گھر کا پتہ سمجھانے میں ہمیشہ دشواری پیش آتی تھی۔ اتفاق سے ہمارے گھر کے بالکل عین سامنے واقع ایک مکان کی دیوار پر منجن بنانے والی ایک کمپنی نے اپنے منجن کا اشتہار جلی حروف میں لکھوا رکھا تھا۔ ہم یہ منجن تو نہیں استعمال کرتے تھے لیکن اجنبیوں کو اپنے گھر کا پتہ سمجھانے کے لئے اس اشتہار کو ضرور استعمال کرتے تھے۔ جب تک ہم فرحت نگر میں رہے، ہم نے اس اشتہار کی جی جان سے حفاظت کی۔ اشتہار والا مالک مکان جب بھی اپنے گھر کی سفیدی کراتا تھا تو ہم منت سماجت کر کے اس اشتہار کی حیات مستعار میں اضافہ کروالیتے تھے۔ منجن بنانے والی کمپنی کب کی مر چکی تھی لیکن ہمارا پتہ برسوں زندہ رہا۔ سُنا ہے کہ جس دن ہم یہ گھر چھوڑ کر دہلی چلے گئے اس کے دوسرے ہی دن ہمارے پتے والے مکان کے مالک نے اپنی دیوار پر سفیدی پھیر کر ہمارے پتے کو نیست و نابود کر دیا۔ ہمیں اس گلی میں رہتے ہوئے ہمیشہ غالب کے اس شعر کی یاد آجاتی تھی:

اپنی گلی میں دفن نہ کر مجھ کو بعد مرگ
میرے پتے سے خلق کو کیوں تیرا گھر ملے

آدمی کا پتہ اگرچہ ایک حقیر سی چیز ہوتا ہے کیونکہ اتنی بڑی کائنات میں ایک آدمی مختصر سے قیام کے لئے ایک مختصر سی جگہ میں جہاں جہاں رہتا ہے اس کی بھلا کیا اہمیت اور وقعت ہے، لیکن آدمی جب تک زندہ رہتا ہے اسے ہر دَم اپنا اتا پتہ

عزیز ہوتا ہے اور وہ دوسروں کو اس سے آگاہ کراتا رہتا ہے۔ دنیا بالآخر فانی ہے لیکن اس بے نام ونشان اور گمنام کائنات میں کھو جانے اور معدوم ہو جانے سے قبل انسان اپنی ٹوٹی پھوٹی شناخت کو براعظموں، ملکوں، شہروں، محلوں اور گلیوں میں برقرار رہنے کے سوسو جتن کرتا ہے۔ یہاں تک کہ بالآخر سمٹ سمٹا کر نہ صرف دو گز زمین پر قانع ہو جاتا ہے بلکہ یہاں پہنچ کر بھی مزید قناعت کا مظاہرہ کرتے ہوئے پہلے تو مشت خاک میں اور پھر بعد میں ایک ذرہ بے توقیر ونا تحقیق میں تبدیل ہو کر بے نام ونشان ہو جاتا ہے۔ اسی عمل کا نام زندگی ہے، اور فناء ہو جانا ہی اصل میں بقاء کی علامت ہے۔

بہرحال ہم نے جب اپنی ڈائری میں سے لاپتہ پتوں کو کاٹنا شروع کیا تو لمحہ لمحہ دل پر ایک عجیب سی کیفیت طاری ہوتی چلی گئی۔ دل پر جبر کر کے کیسے کیسے نام اور کیسے کیسے پتے کاٹ دیئے اور ذرا سوچئے کہ کس دل سے کاٹے ہوں گے۔ ٹوکیو میں یونیسکو کے ایشیائی ثقافتی مرکز کے ڈائرکٹر جنرل ریوجی ایتو کا پتہ کاٹتے ہوئے ہماری آنکھیں لبریز ہو گئیں۔ یونیسکو کے سمینار میں پندرہ ممالک کے نمائندے شریک تھے لیکن ہمارے لئے ان کے دل میں ایک الگ ہی گوشتہ تھا۔ ہم یہ سمجھتے تھے کہ چونکہ ہم ہندوستان جیسے عظیم ملک کے نمائندے ہیں، اس لئے ان کے دل میں ہماری قدر ومنزلت ہے۔ بے حد مصروف آدمی تھے لیکن ذرا سی فرصت ملتے ہی اپنے دفتر میں بلا لیتے تھے۔ کسی دن ملاقات نہ ہوتی تو کوئی نہ کوئی تحفہ ہمارے ہوٹل پر روانہ کر دیتے تھے۔

یہ عنایت خاص صرف ہمارے لئے مختص تھی۔ ٹوکیو کی آخری شام کو ریوجی

ایتو اور بیگم ایتو اساکسا کے علاقہ میں ہمیں لے کر ایک گیشا گھر میں گئے، جہاں جاپان کی کلاسیکی موسیقی کی دھنوں پر ہمیں حسب توفیق گیشاؤں کے ساتھ رقص بھی کرنا پڑا۔ ہمیں بار بار یہ خیال آتا تھا کہ جس ملک میں ریوجی ایتو جیسے لوگ رہتے ہوں وہاں کے لوگوں نے دوسری جنگ عظیم میں اتنے مظالم کیسے ڈھائے ہوں گے۔ کاش کہ دنیا آسانی سے سمجھ میں آسکتی۔ کیسے بتائیں کہ کیسے کیسے محترم، عزیز اور دلنواز ہستیوں کے پتے ہم نے اپنی ڈائری میں سے کاٹ دیئے۔ ایک ایک پتہ کٹتا تھا تو لگتا تھا کہ جذبوں اور احساسات کے ایک عالیشان محل کو ڈھایا جارہا ہے۔ پروفیسر سوزوکی تاکیشی، کنور مہندر سنگھ بیدی سحر، راجندر سنگھ بیدی، سردار جعفری، اختر الایمان، مجروح سلطان پوری، کیفی اعظمی، عزیز قیسی، باقر مہدی، شکیلہ بانو بھوپالی، امرتا پریتم، وقار لطیف، شیام لال ادیب، فکر تونسوی، صادقین، مشفق خواجہ، احمد ندیم قاسمی، پروفیسر سخاچوف، شان الحق حقی، محمد طفیل، سراج منیر، منیر نیازی، قتیل شفائی، آل احمد سرور، پروفیسر خورشید الاسلام، خواجہ عبدالغفور، ساغر نظامی، ملک راج آنند، سعید شہیدی، دھرم ویر بھارتی، حکیم عبدالحمید۔ سینکڑوں ناموں میں سے کن کن کے نام گنائیں۔

ایک ہزار پتوں میں سے جب ہم نے گزرے ہوؤں کے پتے کاٹ دیئے تو ہم نے غم جہاں کا حساب کیا۔ پتہ چلا کہ جملہ ۷۹۰ (سات سو نوے) پتے کٹ چکے ہیں۔ حساب کتاب اور حساب فہمی کے ہم قائل نہیں ہیں۔ اس لئے ریاضی میں کبھی پچیس فیصد سے زیادہ نشانات حاصل نہیں کر سکے۔ مگر جب احساس ہوا کہ ۱۹۸۰ء سے یہاں تک آتے آتے ہمارے اسّی فیصد تعلقات رحلت فرما چکے ہیں اور ہماری

سماجی زندگی سمٹ سمٹا کر صرف بیس فیصد ہی باقی رہ گئی ہے تو ہمیں اپنی شخصی زندگی اچانک بہت چھوٹی نظر آئی بلکہ اتنی چھوٹی نظر آئی کہ ہم نے اپنے آپ کو مشت خاک سے گزر کر ایک ذرہ بے توقیر میں تبدیل ہوتے ہوئے محسوس کیا۔ اپنے کرم فرماؤں اور یارانِ رفتہ کے بچھڑ جانے اور ان سے اس دنیا میں پھر نہ مل پانے کے احساس نے شدت اختیار کی تو ہمیں سندھ کے مشہور صوفی بزرگ شاہ عبداللطیف بھٹائی کا ایک واقعہ یاد آگیا۔ شاہ عبداللطیف بھٹائی جس شہر میں رہتے تھے وہاں ڈاکوؤں نے ایک بار زبردست ڈاکہ ڈالا۔ ڈاکہ کی ایسی سنگین واردات پہلے کبھی پیش نہ آئی تھی۔ کوتوال شہر نے اعلان کیا کہ جو کوئی بھی ڈاکوؤں کا اتا پتہ بتائے گا یا ان کا سراغ دے گا اسے بھاری رقم دی جائے گی۔ انعام کی رقم اتنی بھاری تھی کہ سارے تندرست، صحت مند اور توانا لوگ ڈاکوؤں کی تلاش میں نکل کھڑے ہوئے۔ دو دن بعد شاہ عبداللطیف بھٹائی بھی اپنے تکیہ سے غائب ہو گئے۔

دیگر نوجوان تو ڈاکوؤں کی تلاش کے لئے پہلے ہی سے نکلے ہوئے تھے۔ اب تو شاہ صاحب کے معتقدین اور مرید بھی ان کی تلاش میں نکل کھڑے ہوئے۔ چپہ چپہ چھان مارا لیکن کہیں بھی شاہ عبداللطیف بھٹائی نہ ملے۔ ایک دن شہر میں کسی معزز ہستی کی موت واقع ہو گئی اور لوگ اسے دفنانے کے لئے جیسے ہی قبرستان پہنچے تو دیکھا کہ شاہ عبداللطیف بھٹائی قبرستان کے ایک گوشہ میں بیٹھے ہوئے گیان دھیان میں مصروف ہیں۔ ان کے معتقدین نے حیرت سے پوچھا "شاہ صاحب! آپ یہاں قبرستان میں کیا کر رہے ہیں؟ ہم تو آپ کی تلاش میں ہر روز شہر کے گلی کوچوں اور جنگلوں کی خاک چھان رہے ہیں۔" اس پر شاہ صاحب نے کہا "وہ جو کوتوال صاحب

نے ڈاکوؤں کو تلاش کرنے کے لئے بھاری انعام کا اعلان کیا ہے اسی کو حاصل کرنے کی آس میں یہاں آیا ہوں"۔ ارادت مندوں نے دست بستہ عرض کی "حضرت قبلہ !ڈاکوؤں کو پکڑنے کے لئے آپ بستیوں اور جنگلوں میں جائیں۔ وہ آپ کو یہاں قبرستان میں کیونکر ملیں گے؟" شاہ صاحب نے بڑے اعتماد کے ساتھ فرمایا" وہ چاہے کہیں بھی چلے جائیں، انہیں بالآخر آنا تو یہیں ہے"۔ ہمیں اچانک احساس ہونے لگا ہے کہ اب ہمیں بھی اپنے بچھڑے ہوئے احباب کو پھر سے پانے کے لئے شاید تصوف کی اس منزل سے گزرنا پڑ جائے گا۔ رہے نام اللہ کا۔

***

۷

اشیائے ضروریہ اور ہماری تشویشِ غیر ضروریہ

پچھلے ہفتہ ہمیں اپنے کالم کے لئے کوئی مناسب موضوع نہ ملا تو ہم نے یوں ہی منہ کا مزہ بدلنے کی خاطر اشیائے ضروریہ کی قیمتوں میں اضافہ کے خلاف حسب استطاعت کچھ لکھ دیا۔ بعد میں یاد آیا کہ اشیاء کی قیمتوں میں اضافہ کا مسئلہ ہمارے لئے کوئی نیا مسئلہ نہیں ہے۔ بلکہ یہ کہا جائے تو بیجا نہ ہو گا کہ یہ مسئلہ تو ہمارا جنم جنم کا ساتھی ہے۔ بہت عرصہ پہلے ہم نے کسی مضمون میں لکھا تھا کہ ہم Daily wage basis پر زندہ رہتے ہیں۔ یعنی ہم یومیہ بنیاد پر کمائی کرتے ہیں اور اس کمائی کی مدد سے ہر روز زندہ رہنے کے لئے چیزیں وغیرہ خرید کر اسے خرچ کر دیتے ہیں بلکہ کبھی کبھی تو ایسا بھی ہوتا تھا کہ ادھر دوپہر کا کھانا کھا کر اچھی طرح ڈکار بھی نہیں لے پاتے تھے کہ رات کے کھانے کی فکر دامن گیر ہو جاتی تھی اور ہم پھر سے زندگی کی دوڑ میں شامل ہو جاتے تھے۔ اس کا فائدہ یہ ہوا کہ ہمیں محنت کرنے کی عادت پڑ گئی اور محنت کے تجربہ کی وجہ سے ہماری اجرت میں کم کم ہی سہی اضافہ ہوتا چلا گیا۔

قیمتوں میں بھاری اضافہ کے باوجود آج بفضل تعالی ہم اس حد تک مطمئن زندگی گزارنے کے قابل ہو گئے ہیں کہ روز کی روٹی کی فکر روز نہیں کرتے بلکہ ایک ہفتہ خوش اسلوبی کے ساتھ گزر جائے تو اس کے بعد کے ہفتہ کی فکر لاحق ہونے لگتی ہے۔ گویا اب ہم Daily wage basis پر نہیں بلکہ Weekly wage basis پر زندہ رہنے لگے ہیں اور یہ ہفتہ واری سکون اور اطمینان بھی کسے میسر آتا ہے۔

یہ الگ بات ہے کہ آج کی پاگل دنیا میں آدمی سامان سو برس کے جمع کرنا چاہتا ہے اور اسے پل کی خبر نہیں ہوتی۔ اشیاء اور ان کی قیمتوں کا حال جتنا ہم جانتے ہیں اتنا شاید ہی کوئی اور جان سکے۔ اس کی اصل وجہ یہ ہے کہ ہم نے اپنی زندگی کا بڑا حصہ اس صدی میں گزارا ہے جس میں اس دھرتی نے دو عظیم جنگوں کی اذیت اور کرب کو جھیلا بلکہ جب ہمارے شعور نے آنکھیں کھولیں تو دوسری جنگ عظیم اپنے عروج پر تھی۔ پھر ملک کی تقسیم کے نتیجہ میں برپا ہونے والے فسادات کے گھناؤنے پن کو نہ صرف محسوس کیا بلکہ اسے برداشت بھی کیا۔ آج کی مصروف زندگی میں کشاکش روزگار نے ہمیں مہلت ہی نہ دی کہ کبھی پیچھے مڑ کر دیکھ لیتے کہ ہم نے اپنا سفر کہاں سے شروع کیا تھا۔ ہم نے اپنی ابتدائی زندگی چھوٹے قصبوں اور شہروں میں گذاری۔ چھ سال کی عمر میں زندگی میں پہلی بار بجلی کے بلب کو دیکھا۔ کم و بیش اسی عرصہ میں عجیب الخلقت گراموفون اور قد آدم ریڈیو سیٹ کو دیکھا۔ گراموفون پر پہلا جو گیت سنا وہ تھا "تری گٹھری میں لاگا چور مسافر جاگ ذرا"۔ گراموفون ریکارڈ میں ایک جگہ کچھ خرابی پیدا ہو گئی تھی جس کی وجہ سے سوئی ہمیشہ "لاگا چور" پر اٹک جاتی تھی اور جب تک سوئی کو اس جگہ سے ہٹایا نہیں جاتا تھا تب

تک گانے والا "لاگا چور، لاگا چور" کی گردان کرتا رہ جاتا تھا۔ آج ہم سوچتے ہیں تو احساس ہوتا ہے کہ گراموفون ریکارڈ میں یہ خرابی علامتی اعتبار سے نہایت واجبی اور جائز تھی کیونکہ ساری بیسویں صدی میں ہم جیسے مسافر کی گٹھری ہمیشہ چوروں کی دسترس میں رہی۔

چاہے یہ چور تاجر بن کر آئے ہوں، افسر یا سیاستداں بن کر آئے ہوں۔ پھر یہ گراموفون اور قد آدم ریڈیو بھی کہیں غائب ہوگئے اور ان کی جگہ چھوٹے چھوٹے ٹرانزسٹروں اور ریکارڈ پلیئرس نے لے لی۔ دوسری جنگ عظیم کی خبریں ہم اسی قد آدم ریڈیو پر سنا کرتے تھے بلکہ ہیروشیما پر پھینکے گئے دنیا کے پہلے ایٹم بم کی خبر بھی ہم نے اسی کی مدد سے سنی۔ ساٹھ کی دہائی میں ہم پہلی بار لفٹ میں سوار ہوئے اور اپنی خودی کو خود بخود بلند ہوتے دیکھا۔ اسی دہائی میں نہ صرف ٹیلی ویژن کو پہلی بار محدود پیمانہ پر دیکھا بلکہ انسان کو چاند پر کمندیں پھینکتے ہوئے بھی دیکھا۔ غرض چھٹی دہائی کے بعد کمپیوٹر، انٹرنیٹ، موبائل فون اور خلائی سیاروں وغیرہ کی مدد سے ایک طرف تو دنیا کی رفتار تیز ہوگئی اور دوسری طرف ہماری رفتار ماند پڑ گئی بلکہ ہم تو اکیسویں صدی میں لنگڑاتے ہوئے ہی داخل ہوئے۔ چاہے کچھ بھی ہو جس انسان نے بیسویں صدی کے نصف آخر میں زندگی گزاری ہو اس کے بارے میں یہ کہا جاسکتا ہے کہ اس نے اس دھرتی پر کئی صدیوں کی زندگی جی لی ہے۔ ہمیں تو اس کرہ ارض کی تیز رفتاری سے ڈر ہونے لگا ہے۔ جس طرح ایک ہوائی جہاز رن وے پر تیزی سے دوڑ کر ایک مرحلہ کے بعد فضا میں ٹیک آف کر جاتا ہے اسی طرح ہمیں یہ ڈر ہونے لگا ہے کہ کہیں اکیسویں صدی کے آتے آتے انسان اس دھرتی کو چھوڑ

کر خلا میں کسی اور سیارے کی طرف نکل نہ جائے۔

اس وقت تک تو خیر ہم نہیں رہیں گے لیکن ہماری اس مشت خاک کا کیا ہو گا جو اس ویران دھرتی پر رہ جائے گی۔ ہم نے اتنی ساری لمبی تمہید یہ ظاہر کرنے کے لئے باندھی ہے کہ اب اس دھرتی پر خود انسان کی اہمیت کم اور سائنسی آلات اور چیزوں کی اہمیت زیادہ ہو گئی ہے۔ لہذا اسی تناسب سے انسان اور اشیاء کی قدر و قیمت میں بھی کمی و بیشی واقع ہوتی جا رہی ہے۔ اب انسان خود کام کم کرتا ہے اور مشینیں زیادہ کام کرتی ہیں۔ یہی وجہ ہے کہ بیسویں صدی میں انسان کی خصلتوں اور عادتوں میں بھی رفتہ رفتہ تبدیلی واقع ہوتی چلی گئی۔ اسی صدی میں انسان کے ہاتھوں سے صدیوں کے صبر و تحمل اور توکل و قناعت کا دامن چھوٹ گیا۔ اسی عرصہ میں وہ وسیع المشربی، انسانی دوستی، رواداری اور روشن خیالی جیسے انمول جذبوں کی دولت سے محروم ہو گیا اور اس نے تنگ نظری، حرص و ہوس، ظلم و تشدد اور دہشت گردی کے رویوں کو اپنانا شروع کیا۔ دیکھتے ہی دیکھتے انسان اتنا بے توقیر ہو گیا کہ خود اس کی قدر و قیمت دو کوڑی کی نہ رہی۔ ہمارے کہنے کا مطلب یہ ہے کہ جب انسان نے بہ رضا و رغبت خود اپنی قیمت اس قدر گرا لی ہے تو اب اسے بازار میں اشیاء کے بڑھتے داموں کی شکایت کرنے کا کوئی حق نہیں پہنچتا۔

معاف کیجئے اشیاء کی قیمتوں میں اضافہ پر اظہار خیال کرنے کی کوشش میں ہم بھٹک کر انسان اور اس کی انسانیت کی ارزانی تک پہنچ گئے۔ ہمیں وہ دن بھی یاد ہیں جب دوسری جنگ عظیم عروج پر تھی اور بازار میں اجناس کی شدید قلت تھی۔ ہمیں امریکی امداد کے تحت ایسا چاول کھانے کو ملتا تھا جس میں سے ایک عجیب طرح

کی ناخوشگوار بو آتی تھی لیکن اس کے باوجود ہم اسے کھانے پر مجبور تھے کیونکہ پیٹ بڑا بدکار ہے۔ پولیس ایکشن سے ذرا پہلے جب سابق ریاست حیدرآباد کی ناکہ بندی کردی گئی تھی تو ہم کیروسین آئیل کی ایک ایک بوند کے محتاج ہو گئے تھے۔ موم بتیاں بھی عنقا ہو گئی تھیں۔ لہذا ہم اپنی پڑھائی دن میں ہی کر لیا کرتے تھے اور رات کو اپنی روشنی طبع سے کام چلا لیتے تھے۔ آزادی کے فوری بعد ملک میں راشننگ (جسے اردو میں راتب بندی کہا جاتا تھا) نافذ تھی۔ راشن کی دوکانوں کے سامنے چیزوں کی خریدی کے لئے اتنی بھیڑ لگی رہتی تھی کہ لوگ اپنے بچوں کو باری باری سے راشن کی قطار میں کھڑا کر دیتے تھے چنانچہ راشن کی دکانوں کے آگے رات کے پچھلے پہر ہی سے گاہکوں کی قطاریں لگنی شروع ہو جاتی تھیں۔

یہاں تک کہ راشن کی دکان کا مالک خود جب مقررہ وقت پر دکان کھولنے کی غرض سے قطار میں آگے بڑھنے کی کوشش کرتا تو لوگ اسے بھی زبردستی پکڑ کر قطار میں سب سے پیچھے کھڑے ہو جانے کی تلقین کرتے تھے۔ ان دنوں سڑکوں پر آدمی بھی کم ہی چلتے پھرتے دکھائی دیتے تھے کیونکہ آدمی زیادہ تر قطاروں میں کھڑے ہوئے پائے جاتے تھے۔ عجیب نفسا نفسی کا عالم ہوتا تھا۔ وہ تو اچھا ہوا کہ اس ملک کو رفیع احمد قدوائی جیسا دور اندیش وزیر اغذیہ مل گیا جنہوں نے بڑی سوجھ بوجھ کے ساتھ اچانک راشننگ کو برخاست کر دیا اور ذخیرہ اندوزوں کے ٹھکانوں پر چھاپے مارنے کا سلسلہ شروع کیا۔ اشیاء کی مصنوعی قلت اچانک ختم ہو گئی اور اشیائے ضروریہ کی تقسیم کا نظام بحال ہو گیا۔ اگر رفیع احمد قدوائی نے یہ انقلابی قدم نہ اٹھایا ہوتا تو ہمارا ملک ایک لمبے عرصہ تک قطار میں ہی کھڑا رہ جاتا۔ دوسری طرف

ہمارے آج کے وزیر اغذیہ شرد پوار، شکر کی قیمت میں حیرت انگیز اضافہ کو روکنے کے معاملہ میں جہاں اپنے آپ کو بے بس ظاہر کر رہے ہیں وہیں یہ خطرناک اشارہ بھی دے رہے ہیں کہ اب بہت جلد دودھ کی قیمتوں میں بھی اضافہ ہونے والا ہے۔ چنانچہ اب لوگ دودھ کی ذخیرہ اندوزی کرنے کی تیاریاں کر رہے ہیں۔ وزیر اغذیہ کو کم از کم ایسی باتیں کرنے سے گریز کرنا چاہئے۔ اشیائے ضروریہ کی قلت یوں بھی حکومتوں کے لئے بہت خطرناک ہوتی ہے۔ یہ تو آپ جانتے ہی ہیں کہ جب سشما سوراج دہلی کی چیف منسٹر تھیں تو دہلی میں اچانک پیاز بازار سے غائب ہوگئی تھی اور اس کی قیمت میں حیرت انگیز اضافہ ہوگیا تھا۔ چنانچہ دہلی میں بی جے پی کی سرکار صرف پیاز کی قلت کی وجہ سے الیکشن ہار گئی تھی۔ ایک زمانہ میں ہمارے ملک میں ذخیرہ اندوزی کا چلن بہت عام تھا۔ ہمیں یاد ہے کہ کویت پر عراق کے حملہ کے وقت یہ افواہ اڑگئی تھی کہ اب ملک میں پٹرول کی سخت قلت ہو جائے گی۔ اس وقت تک ہم موٹر نشین بن گئے تھے۔

اس افواہ نے ہمارے ارکان خاندان کو اتنا ہراساں اور پریشان کیا کہ وہ پٹرول کی ذخیرہ اندوزی کرنے پر مجبور ہوگئے۔ ایک دن ہم چلچلاتی دھوپ میں گھر واپس ہوئے تو پیاس سے ہمارا برا حال تھا۔ جیسے ہی ہم نے اپنی پیاس بجھانے کے لئے ریفریجریٹر کو کھولا تو ہماری اہلیہ نے ہمیں آگاہ کیا کہ ریفریجریٹر میں پانی کی ساری بوتلوں میں پٹرول بھر کر رکھ دیا گیا ہے۔ لہذا ہم کوکا کولا یا کسی اور مشروب کی مدد سے اپنی پیاس بجھانے کی کوشش کریں۔ خیر اب ہمارے سماج میں ذخیرہ اندوزی کا ایسا خطرناک رجحان ختم ہو گیا ہے۔ چیزیں ضرور مل جاتی ہیں۔ یہ الگ بات ہے کہ

ان کی قیمتیں اب آسمان سے باتیں کرنے لگی ہیں۔ بہت عرصہ پہلے ہمارے ایک دوست نے ہمارے معاشی نظام کے بارے میں کہا تھا کہ ہمارا معاشی نظام اصل میں "بدمعاشی نظام" ہے جس میں ہمارے تاجر سے لے کر ہمارے سیاستدانوں اور حکمرانوں تک کی "بدمعاشیاں" شامل رہتی ہیں اور عام آدمی انہیں چپ چاپ برداشت کرتا رہتا ہے۔ دوسری طرف "افراط زر" کی کیفیت نے بھی ہمیں پریشان کرر کھا ہے۔ ہمیں یاد ہے کہ ۱۹۷۲ء میں جب ہم حکومت آندھرا پردیش کے محکمہ اطلاعات سے نکل کر دہلی گئے تھے تو اس وقت ہماری تنخواہ آٹھ سو روپئے تھی۔ دہلی گئے تو ہمیں ۲۰۰۰ روپئے ملنے لگے۔ یہ ضرور ہے کہ NCERT میں ہمیں تین ترقیاں ضرور ملیں اور ان سارے مراحل سے گزرنے کے بعد آج جو ہم وظیفہ پاتے ہیں اس کی مالیت خود ہماری دہلی کی ابتدائی یافت سے پندرہ گنا زیادہ ہے یعنی تیس ہزار روپے گویا پہلے کام کرکے کم کماتے تھے اور اب کوئی کام نہ کرکے زیادہ کمانے لگے ہیں۔ وہ تو اچھا ہے کہ اب ہم عمر کی اس منزل میں داخل ہوگئے ہیں جہاں آدمی مایا کے جال سے یا تو خود نکل جاتا ہے یا قدرت اسے نکال دیتی ہے۔ لہذا ہم جب اشیائے ضروریہ کے بارے میں اظہار خیال کرتے ہیں تو لوگ اسے ہماری "تشویشِ غیر ضروریہ" سمجھتے ہیں۔

***

۸

کفایت شعاری کی فضول خرچی

یہ تو آپ جانتے ہیں کہ کفایت شعاری کو ہم نے اپنی زندگی کا سب سے اہم شعار بنا رکھا ہے۔ تبھی تو اتنی لمبی عمر گزار کر یہاں تک پہنچے ہیں، ورنہ کب کے خرچ ہو چکے ہوتے۔ عمر کی نقدی جتنی بھی ملی اور جب جب ملی، اس کے پل پل کو نہایت کفایت شعاری کے ساتھ خرچ کرتے ہوئے اس منزل تک پہنچے ہیں۔ حد ہوگئی کہ ہم نے اپنی بھرپور جوانی بھی بڑی کفایت شعاری کے ساتھ گزاری ہے۔ جوانی کے دنوں میں جن حسیناؤں کی اداؤں پر ہم مرمٹتے تھے، انھیں کانوں کان خبر نہیں ہونے دیتے تھے کہ ہم اُن پر جی جان سے فدا ہیں۔ یہ نہ سمجھئے کہ ہم بزدل واقع ہوئے تھے یا آتش نمرود میں کود پڑنے کا ہم میں حوصلہ نہیں تھا۔

بے شک، ہم اپنے زمانے کے نڈر اور جری نوجوان تھے بلکہ ہمارا شمار سورما بھوپالی قسم کے نوجوانوں میں ہوتا تھا۔ اگر ہم نے اپنے والہانہ دِلی جذبات سے اُن حسیناؤں کو واقف نہیں کرایا تو اسے ہماری بزدلی پر محمول نہ کیجئے بلکہ اسے ہماری روایتی کفایت شعارانہ خصلت کا کمال گردانئے۔ ہمیں اندازہ تھا کہ قدرت نے یہ جو ہمیں عشق کی دولت سے مالامال کیا ہے، اسے سنبھال کر رکھنا ہماری کفایت شعاری کا

اوّلین فریضہ ہے۔ کیونکہ یہ وہ دولت ہے جسے ہر کس و ناکس پر ضائع نہیں کیا جاسکتا۔ حالانکہ اس زمانہ میں علامہ اقبالؔ نے اپنی شاعری کے ذریعہ ہمیں بار بار ورغلانے کی حتی المقدور کوشش بھی کی۔

تو بچا بچا کے نہ رکھ اسے ترا آئینہ ہے وہ آئینہ
جو شکستہ ہو تو عزیز تر ہے نگاہِ آئینہ ساز میں

ہم جب جوان تھے تو اُن دنوں مردم شماری کی اتنی اہمیت نہیں ہوا کرتی تھی، جتنی کہ اختر شماری کی تھی۔ بیشتر نوجوان اپنے عشق کی آڑ میں چوری چھپے اختر شماری کی سنچریاں بناتے چلے جاتے تھے۔ بے شک، ہم نے بھی عشق کے زیر عنوان بشرطِ فرصت تارے ضرور گنے ہیں، لیکن ان کی تعداد کبھی چالیس پچاس سے آگے نہیں بڑھی۔ اس کی بھی دو وجہیں ہیں۔ اوّل تو یہ کہ ہم نیند کے بہت کچے ہیں اور دوم یہ کہ ہماری ریاضی اُس وقت بھی اتنی ہی کمزور تھی، جتنی کہ آج ہے۔ تاروں کو گنیں بھی تو کہاں تک گنیں۔ عشق کے ہاتھوں مجبور ہو کر ٹھنڈی آہیں بھی بھریں تو ان سرد آہوں کی تعداد کو چار پانچ آہوں سے زیادہ بڑھنے نہیں دیا۔ روایتی اور مسلمہ عشّاق کے بارے میں سنا ہے کہ بسا اوقات وارفتگی عشق میں اپنے گریبان بھی چاک کرلیتے ہیں۔ ماشاء اللہ، اس میدان میں ہم نے اس حوالے سے کبھی اپنا گریباں چاک نہیں کیا۔ اس کا مطلب یہ نہیں کہ ہمارا جذبہ عشق ناپختہ تھا بلکہ اصل قصہ یہ ہے کہ ہمارا جذبہ کفایت شعاری ہمارے جذبہ عشق سے کہیں زیادہ پختہ ہوا کرتا تھا جو ہمیشہ ہمارا دامن تھام لیتا تھا کہ میاں! گریباں چاک کرلوگے تو نئی قمیض کے لئے پیسے کہاں سے لاؤ گے؟ بہر حال، ہم نے اپنی جوانی کچھ اس احتیاط سے

گزاری کہ ہماری روایتی کفایت شعاری پر کبھی آنچ نہ آنے پائی۔ ہم نے عشق صادق پر صدق دِل سے عمل تو کیا، لیکن اس معاملہ میں کبھی کفایت شعاری کو کنجوسی یا بخالت کی حدوں میں داخل ہونے کا موقع عطا نہیں کیا۔ کفایت شعاری اور بخالت کے درمیان جو نازک سا فرق ہوتا ہے، اسے ہمیشہ ملحوظ رکھا۔ علامہ اقبالؔ نے ہی کہا تھا۔

لازم ہے دِل کے پاس رہے پاسبانِ عقل
لیکن کبھی کبھی اسے تنہا بھی چھوڑ دے

ہمیں اس وقت اپنے ایک بزرگ دوست یاد آگئے جو عشق کی پاکیزگی کے ایسے زبردست قائل تھے کہ زندگی بھر مجرد ہی رہے اور عشق کی دولت کو ہمیشہ سنبھال کر کچھ اس طرح رکھا کہ کبھی ان کے جذبۂ پاکیزگی عشق کے وضو کے ٹوٹنے کی نوبت ہی نہ آئی۔ دوسری طرف ہمارے ایک شاعر دوست ہیں۔ نوجوانی میں بڑے وجیہہ و شکیل ہوا کرتے تھے۔ اپنی رومانی نظموں اور غزلوں کے باعث خواتین میں بہت مقبول تھے۔ چنانچہ ہمیشہ نازنینوں اور خوش جمالوں میں گھرے رہتے تھے۔ ادبی حلقوں میں ان کے معاشقوں کی بھی بڑی دھوم تھی۔ ایک طویل عرصہ بعد ان سے ملاقات ہوئی تو احساس ہوا کہ عشق کے بے جا اسراف اور شاہ خرچی کے باعث ان کا حلیہ کافی تبدیل ہو چکا ہے۔

دِل فسردہ تو ہوا دیکھ کر اس کو لیکن
عمر بھر کون حسیں کون جواں رہتا ہے

چونکہ ہمارے پرانے دوست رہے ہیں، اس لئے ہم نے ضروری حال چال کے

بعد ان کے معاشقوں اور رومانس وغیرہ کے بارے میں پوچھا تو روہانسی صورت بنا کر بولے "میاں! کیسا رومانس اور کہاں کا رومانس، اب تو یہ حال ہے کہ کبھی غلطی سے کسی غزل میں مجھ سے کوئی اچھا سا رومانی شعر سرزد ہو جاتا ہے تو چار دن بستر سے نہیں اُٹھ پاتا"۔

معاف کیجئے، ہم نے یہ کالم خالص معاشی پس منظر میں کفایت شعاری کے فائدوں اور بے جا اسراف کے نقصانات کو اُجاگر کرنے کی غرض سے لکھنا شروع کیا تھا، لیکن غلطی سے ہم حُسن اور عشق کی کفایت شعاریوں اور فضول خرچیوں وغیرہ کی طرف نکل گئے۔ چاہے کچھ بھی ہو، زندگی کے ہر شعبہ میں کفایت شعاری کی اہمیت اور افادیت مسلمہ ہے بلکہ آج ہم جو کچھ بھی ہیں، وہ اپنی غربت اور کفایت شعاری کی وجہ سے ہیں۔ غربت اور کفایت شعاری کا تعلق بھی چولی اور دامن کا سا ہے۔ چونکہ غریب آدمی اپنی غربت کی وجہ سے مرغن غذائیں نہیں کھا سکتا، اس لئے کفایت شعاری کے اُصولوں پر عمل کرتے ہوئے گھاس پوس اور سبزیاں کھاتا ہے اور مرغن غذاؤں سے بحالت مجبوری اور ازراہِ کفایت شعاری دُور رہتا ہے جس کی وجہ سے اس کی صحت بہتر ہو جاتی ہے اور وہ دیر تک سماج کے سینہ پر مونگ دلنے اور لمبی عمر پانے کا اہل بن جاتا ہے۔

دوسری طرف متمول اصحاب دولت کی فراوانی کے باعث بے جا اسراف اور ظاہری نمود و نمائش کے مرتکب ہو جاتے ہیں اور فائیو اسٹار ہوٹلوں کی مرغن غذائیں کھا کر خود اپنے عرصۂ حیات کو اپنے اُوپر تنگ کر لیتے ہیں۔ ان میں سے بیشتر کا دیوالیہ تک نکل جاتا ہے۔ اصلی کفایت شعاری کا ایک بنیادی اُصول یہ ہے کہ آدمی

اپنی چادر کو دیکھ کر اپنے پاوٴں کو پھیلانے کی کوشش کرے۔ یہ نہیں ہونا چاہئے کہ چادر چھوٹی ہو یا پاوٴں چادر سے لمبے ہونے لگیں تو آدمی ازراہِ کفایت شعاری اپنے پاوٴں کو چادر کے مطابق بنانے کی غرض سے اپنے پاوٴں کو کاٹنا شروع کردے۔ خود اپنے پاوٴں پر کلہاڑی مارنے کا محاورہ اسی لئے تو وجود میں آیا ہے۔ آدمی یا تو اپنے وسائل کی چادر کو بڑا بنائے یا پھر اپنے پاوٴں کو سمیٹ کر گزارا کرلے۔

کفایت شعاری اگر فیشن بن جائے تو وہ کفایت شعاری نہیں رہتی بلکہ بلائے جان بن جاتی ہے۔ پچھلے چند دنوں سے حکومت نے کفایت شعاری پر عمل کرنے کے ایسے ہی فیشن ایبل طریقے اپنانے کا منصوبہ بنایا ہے۔ بڑے بڑے رہنماؤں، حکمرانوں اور عہدیداروں سے کہا جارہا ہے کہ وہ ہوائی جہازوں کی بجائے ٹرینوں میں سفر کریں اور اگر بحالت مجبوری ہوائی جہاز میں بیٹھنے کی نوبت آجائے تو وہ ایگزیکٹیو کلاس میں نہ بیٹھیں بلکہ اِکانومی کلاس میں عام مسافر کی طرح بیٹھیں۔ وہ تو اچھا ہے کہ ہوائی جہازوں میں بسوں کی طرح ڈنڈوں سے لٹک کر سفر کرنے کی سہولت موجود نہیں ہوتی، ورنہ حکمران جوش کفایت شعاری میں ڈنڈوں سے بھی لٹک کر چلے جاتے۔ ان کے اس طرح سفر کرنے کا جواز یہ پیش کیا جارہا ہے کہ جہاں ایک طرف کرایوں کے اخراجات میں کمی واقع ہوگی، وہیں حکمرانوں کو عام آدمی سے تبادلۂ خیال کرنے اور ان کے مسائل کو سمجھنے میں مدد ملے گی۔

آپ تو جانتے ہیں کہ ہمارے پرانے حکمران کسی سکیوریٹی کے محتاج نہیں ہوا کرتے تھے، کیونکہ ان کی عوامی مقبولیت ہی ان کی حفاظت کی ضامن ہوا کرتی تھی۔ آج کے حکمرانوں کا یہ عالم ہے کہ ایک حکمران کی حفاظت پر بیسیوں سکیوریٹی

گارڈس متعین کئے جاتے ہیں۔ پرانے حکمران جب چلتے تھے تو ان کے ساتھ نہ صرف عوام چلتے تھے بلکہ ساری قوم بھی چلتی تھی۔ اب ہمارے رہنما کہیں جاتے ہیں تو ان کے ساتھ ان کے بیسیوں محافظ چلتے ہیں اور جگہ جگہ ان کی حفاظت کی خاطر سینکڑوں حفاظتی کارکن اپنی جانیں اپنی ہتھیلیوں میں سجائے دم بخود کھڑے رہتے ہیں۔ کیسی کفایت شعاری اور کہاں کی کفایت شعاری؟ ایسی کفایت شعاری جو فیشن کے طور پر اپنائی جائے، اس میں فضول خرچی اور بے جا اسراف کی زیادہ گنجائش نکل آتی ہے بلکہ اس عمل میں ہمیشہ مونچھیں داڑھی سے بڑی ہو جاتی ہیں۔ اسی لئے تو ہم کفایت شعاری کی فضول خرچی کے قائل نہیں ہیں۔

رہی بات حکمرانوں کے ٹرین میں سفر کرنے اور اس بہانے عام آدمی کے مسائل کو سمجھنے کی تو اس سلسلہ میں ہماری عرض یہ ہے کہ جب تک ایک حکمران خود عام آدمی نہیں بن جاتا، تب تک وہ ٹرین کے سفر کی مدد سے عام آدمی کے مسائل کو سمجھ نہیں سکتا۔ جو حکمران ٹرین میں سفر کرتے ہوئے بھی حکمران ہی برقرار رہے تو اسے عام آدمی اور اس کے خاص مسائل سے کیا تعلق؟ چالیس برس پہلے ہم نے ایک مضمون "ریل منتری مسافر بن گئے" لکھا تھا جس کی بنیاد یہ فینٹیسی (Fantasy) تھی کہ ایک دن ریل منتری کے ذہن میں یہ خیال آتا ہے کہ کیوں نہ وہ بھیس بدل کر ایک عام مسافر کی طرح کسی ٹرین کے تھرڈ کلاس کمپارٹمنٹ میں سفر کریں تاکہ مسافروں کو پیش آنے والی مشکلات کا خود سے جائزہ لے سکیں۔ ہم نے یہ مضمون ممبئی کے ایک جلسہ میں اُس وقت کے ریل منتری کی موجودگی میں سنایا تھا اور ابھی دس بارہ برس پہلے وزیر ریلوے لالو پرساد یادو کی

موجودگی میں دہلی کے ریل بھون میں منعقدہ محفل میں بھی سنایا تھا۔

حد ہو گئی کہ ہم تو اپنے حکمرانوں کو بھی بڑی کفایت شعاری کے ساتھ برتنے اور انھیں بچا بچا کر رکھنے کے سو سو جتن کرتے ہیں۔ یہی وجہ ہے کہ ہمارے حکمران ایک بار اقتدار کی کرسی پر یا پارٹی کے کسی عہدے پر فائز ہو جاتے ہیں تو وہاں سے یا تو خود حکمران نہیں ہٹتے یا ہم لوگ ہی انھیں ازراہِ کفایت شعاری وہاں سے ہٹانے کی کوشش نہیں کرتے۔ یوں لگتا ہے جیسے ہمارے بعض حکمران ماں کے بطن سے ہی اقتدار کی کرسی پر بیٹھ کر پیدا ہوئے تھے۔ کفایت شعاری بہت اچھی چیز ہے، بشرطیکہ اس پر سوجھ بوجھ کے ساتھ عمل کیا جائے۔

٭٭٭

۹

ذرا عمر رفتہ کو آواز دینا

"سیاست" نے اپنی عمر کے پینسٹھ (۶۵) برس پورے کرلئے۔ اس بات پر ہمیں چھ دہائی پہلے کا وہ زمانہ کچھ اس طرح یاد آگیا جیسے یہ ابھی کل ہی کی بات ہو۔ حالانکہ اس کے ابتدائی دور سے وابستہ کئی شخصیتیں (بشمول اس کے بانیوں عابد علی خاں اور محبوب حسین جگر کے) اپنی عمریں گزار کر اس دنیا سے رخصت ہوچکے ہیں۔ مجھے یاد ہے کہ "سیاست" کا پہلا شمارہ میں نے حیدر گوڑہ کے اس مکان میں دیکھا تھا جہاں میں جگر صاحب کے ساتھ رہا کرتا تھا۔ میں ان دنوں آٹھویں یا نویں جماعت کا طالب علم تھا مگر علی گڑھ میٹرک کا امتحان دینے کی کوشش میں حیدرآباد میں مقیم تھا۔ "سیاست" کے آغاز کے بعد جگر صاحب کے گھر آنے کا کوئی معمول باقی نہیں رہ گیا تھا کیونکہ "سیاست" کے دفتر میں ہی مشینوں کے برابر ایک پلنگ لگا کر رہنے لگے تھے۔ تاہم کبھی کبھار وہ اچانک گھر چلے آتے تھے اور نہا دھو کر دفتر چلے جاتے تھے۔ کچھ عرصہ بعد میں گلبرگہ چلا گیا

۔۱۹۵۳ء میں انٹر میڈیٹ کا امتحان کامیاب کرکے گریجویشن کرنے کے ارادہ

سے حیدرآباد واپس آیا تو اس وقت تک جگر صاحب نے حیدر گوڑہ کا مکان چھوڑ دیا تھا اور عابد علی خاں صاحب کے گھر رہنے لگے تھے۔ میں یونیورسٹی سے اکثر شاموں میں "سیاست" کے دفتر چلا آتا تھا۔ بسا اوقات عابد علی خاں صاحب اور جگر صاحب فلموں پر تبصرہ لکھنے کا کام میرے حوالے کر دیتے تھے۔ اس کا فائدہ یہ ہوتا تھا کہ مجھے مفت میں فلمیں دیکھنے کا موقع مل جاتا تھا۔ کبھی کبھار چھوٹی موٹی خبروں کا ترجمہ کرنے کے علاوہ کتابوں پر تبصرہ بھی کر دیا کرتا تھا۔ گریجویشن کے بعد میں باضابطہ طور پر "سیاست" سے وابستہ ہو گیا۔ ۱۹۵۸ء میں میرا تقرر بحیثیت سب ایڈیٹر ہوا تھا اور میری تنخواہ ۱۵۰ روپے مقرر ہوئی۔ ۱۹۶۲ء تک میں نے "سیاست" میں بحیثیت صحافی باضابطہ طور پر کام کیا، یہ اور بات ہے کہ ۱۹۵۷ء میں جب عابد علی خاں صاحب نے "انتخاب پریس" قائم کیا تو مجھے اس کا بھی انچارج بنا دیا گیا۔ دو چھوٹی چھوٹی ٹریڈل مشینوں اور ٹائپ کے تھوڑے سے ذخیرے کے ساتھ اس پریس کا آغاز ہوا تھا۔ عابد علی خاں صاحب نے پہلے ہی دن کہہ دیا تھا کہ اس پریس سے جو بھی آمدنی ہو گی وہ پریس کی ترقی میں ہی لگائی جائے گی۔ اس پریس کے پہلے جنرل منیجر کی حیثیت سے میں نے چار برس کام کیا اور جب اس ذمہ داری سے سبکدوش ہوا تو اس وقت تک اس پریس میں دو بڑی اور عصری مشینیں (ایک جرمن اور ایک روسی) آچکی تھیں اور

اس کا شمار حیدرآباد کے "اے کلاس" پریسوں میں ہونے لگا تھا۔ پریس

میں کام کرنے کے علاوہ میں اخبار کا کام بھی کیا کرتا تھا، چنانچہ جولائی ۱۹۶۲ء میں جب "شیشہ و تیشہ" کے کالم نگار شاہد صدیقی کا اچانک انتقال ہوا تو میں اس رات اخبار کے آخری صفحہ کا انچارج تھا اور غلام حیدر بیرونی صفحہ کے انچارج تھے۔ جب کہ ہاشم سعید نائٹ ایڈیٹر کے فرائض انجام دے رہے تھے۔ مجھے کیا پتہ تھا کہ شاہد صدیقی کے انتقال کی خبر چھاپ کر میں اپنے اندر ایک مزاح نگار کے پیدا ہونے کی خبر بھی ساتھ میں چھاپ رہا ہوں۔ یہ سچ ہے کہ ۱۹۶۲ء کے بعد میری شناخت ایک مزاح نگار کی حیثیت سے ہونے لگی اور بحیثیت صحافی میری شناخت معدوم ہوتی چلی گئی۔ اگرچہ مزاح نگاری اب میری واحد شناخت بن چکی ہے

لیکن اپنی زندگی کے ابتدائی دور میں بحیثیت صحافی میں نے چھ سات سال کا جو عرصہ گزارا تھا اس کا ذکر کرنا میں نے ضروری جانا۔ ایک عمر کے بعد آدمی اپنی زندگی کے معاملات کو ڈھنگ سے ترتیب دینا ضروری تصور کرتا ہے۔ آپ نے وہ قصہ تو سنا ہو گا کہ ایک صاحب کے گھر اچانک کچھ مہمان آگئے تو انہوں نے اپنے پڑوسی کے ہاں سے چارپائی منگوائی کہ میاں تمہارے پاس کوئی فالتو چارپائی ہو تو بھیج دینا۔ اس پر پڑوسی نے معذرت کے انداز میں کہا "بھیا! میرے پاس تو دو ہی چارپائیاں ہیں، ایک پر میں اور میرا بیٹا سو جاتے ہیں اور دوسری پر میری اہلیہ اور بہو سو جاتے ہیں"۔ اتنا سنتے ہی ان صاحب نے پڑوسی سے کہا "میاں ! چارپائی نہ دینا چاہتے ہو تو نہ دو، لیکن تم لوگ اپنے گھر میں کم از کم ڈھنگ سے تو سو جایا کرو"۔

بہر حال میں بھی اب عمر کی اس منزل میں ہوں جہاں چارپائی پر ڈھنگ سے سوجانا چاہتاہوں"۔

اب پچھلا زمانہ یاد آنے لگا ہے تو"سیاست" سے وابستہ کئی شخصیتیں یاد آنے لگی ہیں۔ ایک صاحب تھے شیخ احمد،"سیاست" کے پہلے شمارے کی اشاعت سے لے کر اپنی آخری سانس تک "سیاست" سے وابستہ رہے۔ یہ دفتر کے بل کلکٹر، ہاکر، دفعہ دار، چوکیدار، پیغام رساں، اہلکار، سب کچھ تھے گویا "seven in one"قسم کی چیز تھے۔ ہر دم شیر وانی میں ملبوس رہتے تھے (یہ شیر وانیاں عابد علی خاں صاحب اور جگر صاحب کی دی ہوئی ہوتی تھیں)اس لئے شیر وانی کو کبھی اپنے بدن سے نہیں اتارتے تھے۔ میں نے انہیں کبھی شیر وانی کے بغیر نہیں دیکھا بلکہ میر اتو یہاں تک خیال تھا کہ وہ نہاتے وقت بھی غالباً شیر وانی کو اپنے بدن سے جدا نہیں ہونے دیتے۔ بے حد مستعد، چاق وچوبند، پھرتیلے اور لپک جھپک والے آدمی تھے۔ رومی ٹوپی بھی پابندی سے پہنا کرتے تھے۔ دفتر کے ہر کام میں وہ دخیل رہتے تھے۔ اشتہار کے بل وصول کر رہے ہیں،

اخبار تقسیم کر رہے ہیں، مہمانوں کو چائے پلارہے ہیں، اخبار کا کاغذ اٹھا رہے ہیں اور کبھی چوکیداری فرمارہے ہیں۔ کوئی کام ایسا نہ تھا جو وہ انجام نہ دیتے ہوں۔ ان دنوں جگر صاحب کا غصہ اپنے عروج پر تھا جو زیادہ تر شیخ احمد پر ہی اتر تا تھا۔ میں اور اسد جعفری شیخ احمد کو"سیاست"کا"شاک ابزاربر"(Shock Absorber)

کہا کرتے تھے کیونکہ جگر صاحب کے غصے کا سارا بوجھ اکیلے شیخ احمد ہنسی خوشی اور بحسن و خوبی برداشت کرلیا کرتے تھے۔ جگر صاحب برستے رہتے اور شیخ احمد مسکین سی صورت بنائے دونوں ہاتھ باندھے چپ چاپ کھڑے رہتے تھے۔ چھوٹا بھائی ہونے کے ناتے بسا اوقات جگر صاحب کا غصہ مجھ پر بھی نازل ہو جاتا تھا لیکن جس صبر و تحمل کے ساتھ شیخ احمد ان کے غصہ کو برداشت کرتے تھے وہ میرے لئے قابل رشک تھا۔ ایک دن میں نے یونہی شیخ احمد سے پوچھ لیا، شیخ احمد تم آخر اتنے اہتمام اور جتن کے ساتھ کس طرح جگر صاحب کا غصہ برداشت کرلیتے ہو؟ شیخ احمد نے کہا "میں ان کی ڈانٹ ڈپٹ کو سنتا ہی کہاں ہوں، جو ان کے غصہ کو برداشت کرنے کا سوال پیدا ہو۔ جیسے ہی وہ ڈانٹنا شروع کرتے ہیں، میں اپنا دھیان کسی اور طرف لگادیتا ہوں۔ میرا تو کچھ بھی نہیں بگڑتا، البتہ ان کا غصہ یونہی ضائع ہو جاتا ہے۔ پھر جو غصہ وہ مجھ پر اتارتے ہیں اس کا راست تعلق مجھ سے کہاں ہوتا ہے۔ غلطی کوئی کرتا ہے اور ان کا غصہ مجھ پر اترتا ہے۔ انہیں تو اپنا غصہ اتارنے کے لئے ایک آدمی چاہئے اور میں انہیں مل گیا ہوں۔ جس طرح ایک زمانہ میں نوابوں کے پاس چلم بردار اور حقہ بردار ہوا کرتے تھے، اسی طرح میں بھی جگر صاحب کا "غصہ بردار" ہوں۔ یہ تو میری ڈیوٹی ہے۔ اس میں پریشانی کی کیا بات ہے"۔ چنانچہ ہر دوسرے تیسرے دن جگر صاحب دفتر میں سب کے سامنے شیخ احمد کی کلاس لیا کرتے تھے۔ جوں جوں ان کا غصہ بڑھنے لگتا اور جواباً شیخ احمد کی مسکینی اور حلیمی میں

اضافہ ہونے لگتا تھا تو عابد علی خاں اچانک اپنی کرسی کے سامنے اخبار کھول کر بیٹھ جاتے تھے اور اخبار کے صفحات کے پیچھے مسکرانے لگ جاتے تھے۔ شیخ احمد کو یہ بھی اچھی طرح پتہ رہتا تھا کہ جگر صاحب کا غصہ جتنا بڑھے گا بعد میں اس کا صلہ بھی اتنا ہی ملے گا۔

جگر صاحب شام کو گھر جاتے وقت بسا اوقات دن بھر کے غصہ کا معاوضہ شیخ احمد کی شیروانی کی جیب میں ڈال دیا کرتے تھے۔ یہ جگر صاحب کی ادا تھی۔ لیکن شیخ احمد کی ادا بھی کچھ کم نہ تھی۔ ایک مرتبہ جگر صاحب نے پانچ چھ دنوں تک شیخ احمد کو کسی بات پر نہیں ڈانٹا تو شیخ احمد پریشان ہو گئے۔ مجھ سے کہنے لگے "میں جگر صاحب کی وجہ سے فکر مند ہوں۔ خدانخواستہ ان کی صحت تو خراب نہیں ہے۔ کئی دنوں سے مجھے ڈانٹ نہیں پڑی"۔ میں نے کہا "یہ تو اچھی بات ہے کہ تمہیں ڈانٹ نہیں پڑ رہی ہے"۔ بولے "مگر یہ بھی تو سوچئے کہ دو چار دن جگر صاحب مجھے نہ ڈانٹیں تو میری صحت بھی خراب ہو جاتی ہے۔ مجھے تو جگر صاحب سے کہیں زیادہ اپنی صحت کی فکر ہے"۔ یقین مانئے شیخ احمد جتنی زیادہ ڈانٹ کھاتے تھے اتنے ہی زیادہ صحت مند دکھائی دیتے تھے۔ وہ جگر صاحب اور عابد علی خاں صاحب دونوں کے گہرے مزاج داں تھے۔ دونوں کے ذہنوں میں ابھی کوئی بات آتی بھی نہیں تھی کہ شیخ احمد اسے پہلے سے محسوس کر لیتے تھے۔ جیسے چرند اور پرند زلزلہ کے آنے سے پہلے ہی اس کی آمد کو قبل از وقت تاڑ لیتے ہیں۔

"سیاست" سے وابستہ ایسے کتنے ہی کردار ہیں جو اب یاد آنے لگے ہیں۔ جیسے احسن علی مرزا، اسد جعفری، وہاب حیدر، احمد معظم، مصطفی علی اکبر، شاہد صدیقی، مرزا حیدر حسن، احمد رضا قادری، ٹی این دہار، خورشید علی، منیر الدین (سنگساز) عبد الغفار، عابد حسین، ضمیر الدین (کاتب) وغیرہ۔ ان میں کا ہر کردار ایک الگ مضمون کا طلب گار ہے۔

***

مشاہیر اردو پر مجتبیٰ حسین کے دلچسپ خاکے

جو دیکھا، سو لکھا

مصنف : مجتبیٰ حسین

بین الاقوامی ایڈیشن جلد منظر عام پر آرہا ہے